만화로 배우는 잡학지식, 잡학툰

데이터 분석가의
숫자유감

글 **권정민** · 만화 **주형**

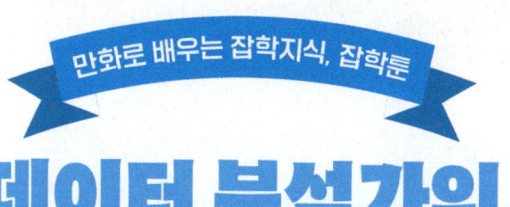

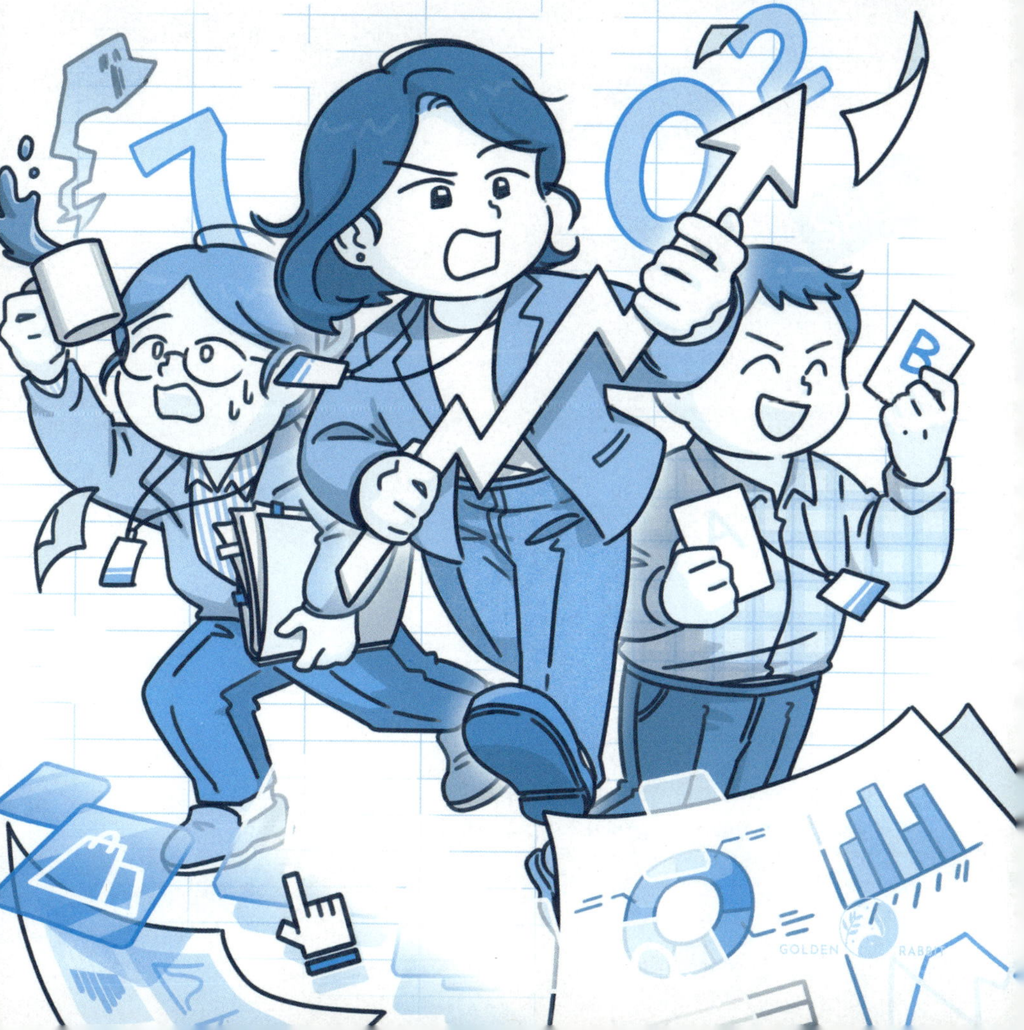

골든래빗은 가치가 성장하는 도서를 함께 만드실 저자님을 찾고 있습니다.
내가 할 수 있을까 망설이는 대신, 용기 내어 골든래빗의 문을 두드려보세요.

apply@goldenrabbit.co.kr

이 책은 대한민국 저작권법의 보호를 받습니다.
저작권은 골든래빗(주)와 지은이에게 있습니다. 무단 전재와 무단 복제를 금합니다.

우리는
가치가 성장하는
시간을
만듭니다.

주요 등장인물

권민주
B2C 서비스 기반 IT 회사인
'(주)디리디'의 데이터분석팀 대리.
특기는 웃으면서 화내기.
단 것을 좋아함.
직업병이 있는데 본인은 모르는 듯함.

*B2C: Business to Customer
(소비자를 대상으로 하는 영업)

마케팅 본부장
'(주)디리디'의 마케팅팀 본부장.
데이터 분석이 서투르다.

이 대리
'(주)디리디'의 데이터분석팀 대리.
민주와 깊은 전우애(?)를 나누며
동고동락하는 사이.

* 본 글에서 묘사된 인물이나 사건은 특정 실제 사례와 관련이 없습니다.

목차

1화 상관관계와 인과관계
광고 덕분에 DAU가 늘었다? 007

2화 숫자의 불확실성
큰 수를 더 크다고 말하지 못하고 029

3화 모수와 표본
모수가 이렇게 충분한데 그냥 쓰면 안 될까? 051

4화 확률과 분포
그때는 맞고 지금은 틀린가? 075

5화 실험을 통한 의사 결정
실험의, 실험에 의한, 실험을 위한 099

6화 그래프 읽기
백문이 불여일견이라는 거짓말 121

7화 추세선 그리기
엑셀이 이르시되 추세선이 있으라 145

8화 시계열 데이터
나는 내일, 어제의 데이터와 만난다 167

9화 별점의 함정
나의 3점과 당신의 3점은 다르다 191

10화 인구통계학 정보의 효용성
　　　이 광고는 30대의 여성을 대상으로 타기팅했습니다?　215

11화 조건부 확률
　　　그 식당이 맛집일 확률을 찾아서　237

12화 범위 제한을 통한 정확도 향상
　　　늘 옳은 말만 하는 법　259

13화 평균이란 무엇인가?
　　　평균 연봉의 함정　281

14화 데이터 문해력
　　　데이터로 읽고 쓰기　307

통계 용어 미니 사전　330
지은이의 말　335

상관관계와 인과관계
광고 덕분에 DAU가 늘었다?

1화

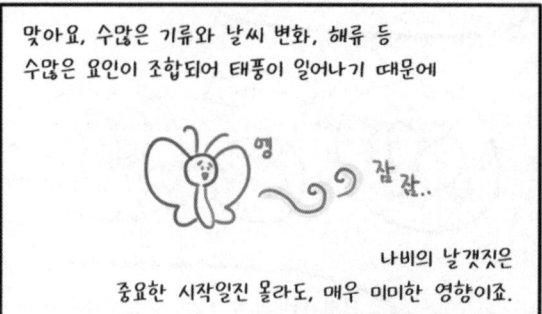

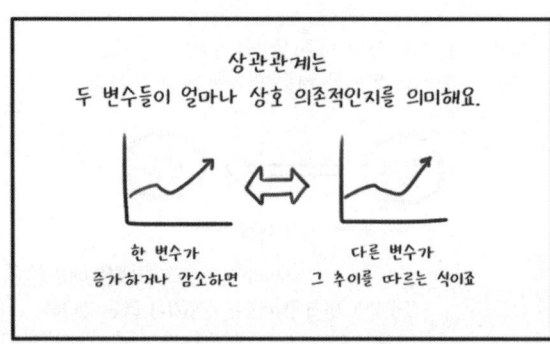

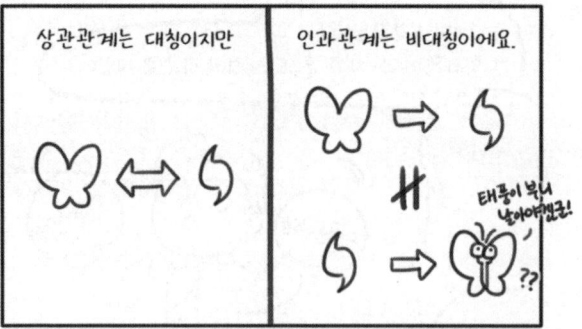

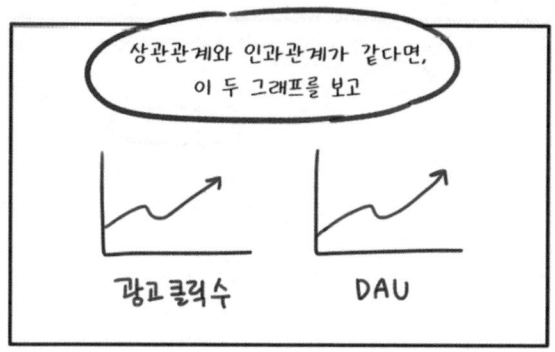

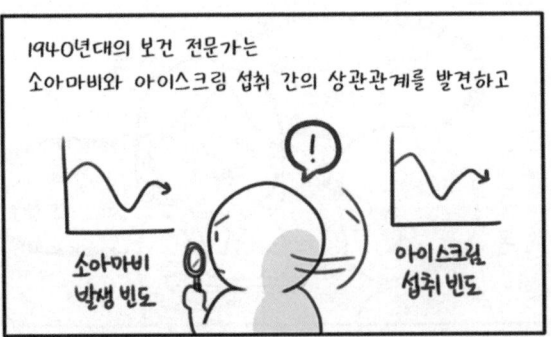

그렇지만 한참 후에야 밝혀졌어요.

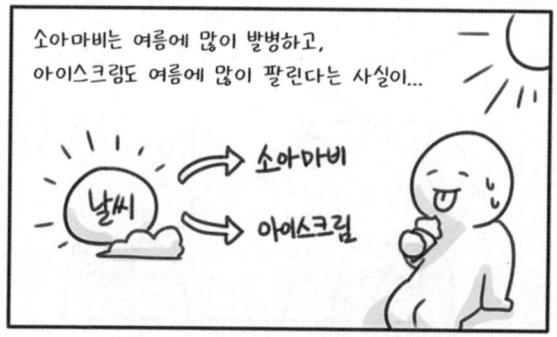

날씨라는 외생 변수가 두 변수에 공통으로 영향을 줬을 뿐이었죠.

상관관계와 인과관계
광고 덕분에 DAU가 늘었다?

사람들은 문제를 해결하기 위해 숫자를 사용해서 문제와 관련된 사실을 그려내고, 그 숫자 간에 어떤 관계가 맺어지는 것처럼 보이면 이를 토대로 결론을 짓곤 한다. 우리는 이런 현상을 보고 '데이터 기반 의사결정'이라고 한다. 하지만 각자의 머릿속에는 각자의 이야기가 있고, 같은 숫자를 보고도 각자 다른 결론을 꿈꾸기도 한다.

기업도 크게 다르지 않다. 일을 하면서 대시보드나 보고서 등에서 다양한 사람이 많은 그래프를 쉽게 접한다. 그리고 이때 여러 그래프를 보면서도 사람들의 머릿속에는 각자가 생각하는 대로 이야기가 만들어진다. 최근에 광고를 런칭했으면 광고 클릭 수가 늘었더니 DAU*가 늘어난다는 것이 보이는 사람이 있을 것이고, 새 상품을 들여놨더니 매출이 증가하는 것부터 보이는 사람이 있을 것이다. 하지만 이 모두가 맞을까? 아마도 아닐 것이다. 그러면 데이터 분석가는 이에 항변하기 위해 '추이가 같다고 다 그것 때문에 늘어나는 것은 아닐 수 있다, 상관관계는 인과관계와 다르다'라고 이야기를 한다. 이 애매한 말은 대체 무엇일까?

'상관관계는 인과관계를 나타내지 않는다'는 통계에 조금만 관심이 있는 사람이라면 이미 귀에 못이 박히도록 들어봤을 문구다. 특히 현실에 통계를 적용해보려는 사람이라면 통계 제1원칙으로 새겨두어도 부족함이 없다.

현실의 많은 일은 여러 요인이 복잡하게 얽혀 발생한다. 간혹 '나비효과'라고 해서 '나비 한 마리의 날갯짓이 지구 반대편에서 태풍을 일으킬 수 있

---

* Daily Active User. 하루 동안 해당 서비스를 이용한 순수한 이용자 수

다'라고 이야기하지만, 나비의 날갯짓만으로 태풍이 일어날까? 그렇지 않다. 나비의 날갯짓에 기류 변화와 날씨 변화, 해류 흐름 등이 조합되어 태풍이 일어난다. 나비의 날갯짓이 끼치는 영향은 (비록 중요하고 시작일지는 몰라도) 매우 미미하다. 또한 다행히 대부분 나비의 날갯짓은 태풍과 상관이 없어서, 우리는 수많은 나비가 날아다녀도 태풍으로부터 안전하다.

실질적으로 하나의 요인으로 인해 다른 요인의 수치가 변하는 형태처럼, 원인과 결과 관계가 명확한 것을 '인과관계'라고 한다. 어떤 '나비의 날갯짓'과 '태풍'은 어쩌면 인과관계가 있었는지 모른다. 하지만 대부분 나비가 날아다녀도 태풍을 의심하지 않고, '나비의 날갯짓'과 '태풍'이 실질적인 인과관계가 있다고 생각하지 않는다.

데이터를 보면서 흔히 '인과관계'와 '상관관계'를 혼동한다. **상관관계는 두 변수가 얼마나 상호 의존적인지를 의미한다. 이를 파악하는 방법은 한 변수가 증가하면 다른 변수가 따라 증가하거나, 감소하되 그 추이를 따르는 식이다. 이를 숫자로 표현히는 것이 상관계수*다.** 여러 데이터를 분석할 때 그 추이가 비슷한지를 확인하는 데 상관계수를 보통 우선적으로 사용한다. 간혹 특정 변수 간의 상관계수가 의미 있게 나온다고, 해당 변수를 특정 문제의 원인으로 꼽는 식으로 데이터를 분석하는 경우가 있다. 혹은 그래프를 그려보면 추이 형태가 비슷하다는 이유로 해당 변수를 문제의 원인으로 잡아내고, 이것으로 문제를 해결했다고 생각하는 경우도 있다. 하지만 사실은 그렇지 않다.

---

* 보통 피어슨 상관계수를 가장 많이 사용하고 스피어만 상관계수 등을 사용하기도 한다.

실제로는 어떤 관계도 없지만 나비의 날갯짓 빈도와 태풍의 발생 빈도를 데이터로 나타냈을 때 우연히 상관관계가 있는 것처럼 보일 수도 있다. 이렇게 우연히 데이터가 들어맞을 때 혹여 나비의 날갯짓과 태풍에 대한 상관관계를 파악하고자 상관계수를 구한다면 태풍과 나비의 상관계수와, 나비와 태풍의 상관계수는 같다. 만약 어느 정도 유사한 추이가 있다면 이 상관계수는 크게 나왔을 것이고, '나비'와 '태풍'이라는 두 변수는 상관성을 가진다고 해석될 것이다. 하지만 이것이 한 변수가 다른 변수의 변화의 원인이 됨을 의미하지는 않는다. 원인과 결과는 비대칭 결과이기 때문이다. 나비의 날갯짓으로 태풍이 일어났다고 한다면, 태풍 때문에 나비가 날아다녔다고 말할 수는 없지 않은가?

그뿐이랴. 두 변수의 형태는 우연의 결과거나, 외생 변수*가 두 변수에 동시에 영향을 미친 것일 수도 있다. 즉 두 변수가 상관관계만으로 원인과 결과임을 판단할 수 없고, 그래서 상관관계가 인과관계를 나타내는 것은 아닌 것이다.

상관관계가 인과관계를 나타내지 않는다는 사례는 많은 곳에서 찾아볼 수 있다. 대표적으로 1940년대 보건 전문가는 소아마비와 아이스크림 섭취 간에 상관관계가 있다는 것을 발견하고, 소아마비 예방을 위해 아이스크림을 적게 먹을 것을 권고했다. 하지만 한참 후에 단순히 소아마비가 여름에 많이 발병하고, 아이스크림도 여름에 주로 팔린다는 사실이 밝혀졌

---

* 외부에서 발생한 변수

다.* 소아마비와 아이스크림 섭취 간에는 어떤 인과관계도 없었고, 그저 '날씨'라는 외생 변수가 소아마비와 아이스크림 변수에 공통으로 영향을 주었을 뿐이다.

하지만 사람들은 어떤 관계를 찾고, 그러다 보니 상관관계가 많이 사용되고, 오용되기도 한다. 물론 인과관계를 분석하는 것은 쉬운 일은 아니다. 과거의 값이 현재의 값에 영향을 계속 미치는 '자기상관성'이라든가, 누락된 변수에 대한 '편향성'**이라든가, 어떻게 할 수 없는 날씨 같은 '외생 변수'의 영향 등을 고려해야 한다. 특히 잘 통제된 실험 공간 내에서 만들어진 데이터가 아닌, 수많은 돌발사항과 외생 변수를 마음대로 조절할 수 없는 실제 데이터 분석에서는 고려할 사항도 많고, 불확실성도 크다. 하지만 상관관계가 어쩌다 있다고 해도 그것이 인과관계가 아니란 것만은 확실하다.

사람들은 무분별한 정보 사이에서 패턴을 찾고, 거기에 의미를 부여하는 데 능하다. 이는 사는 데 있어서 굉장히 유용하지만, 많은 경우 비정보성 데이터에도 큰 의미를 부여하여 오히려 혼란을 일으키기도 한다. 자신에게 어떤 편향을 가지고 있는 경우 그런 현상이 더 하고, 자신에게 유리한 데에 있어서는 패턴 탐색 및 의미 부여 능력을 오용하기도 한다. 그리고 이런 오용에 대표적으로 활용되는 지식이 '과한 상관관계 부여'와 '상관관계와 인과관계의 혼용'이다. 이를테면 회원 숫자가 증가하는 데는 여러 외부

---

* www.e-education.psu.edu/marcellus/node/636
** 변수의 값이 한 쪽으로 쏠리는 경우. 이 경우에는 사용되지 않은 변수가 영향을 미쳐서 실제 변수와 상관없이 어느 한 쪽으로 값이 몰리는 특성을 의미함.

요인이 있을 수 있음에도 '자신이 원하는 어떤 것 때문이다'라고 뚜렷한 근거도 없이 아무렇지 않게 말해버린다. 개인의 성과를 내세울 때도, 자신이 속한 집단의 정당성을 주장할 때도, 언론이 사람들에게 혼란을 일으키는 데도 이런 데이터의 오용이 종종 사용된다. 그리고 이런 오용을 '데이터 기반 의사 결정'이라며 마치 대단한 근거를 가진 양 이야기한다. 이를 인지 못하는 사람들은 일단 회원 증가도 사실이고 프로모션을 한 것도 사실이기 때문에 '프로모션을 해서 회원이 증가한 것이다'라는 주장을 믿어버리기 일쑤다.

데이터 분석에서 상관관계는 기본적이며 중요한 항목이다. 변수 간의 관계와 추세를 파악할 수 있고, 이후 여러 분석에서 고려할 수 있다. 하지만 이를 가지고 섣불리 어떤 결과를 내는 것은 위험하다. 상관관계는 인과관계가 아니며(중요하니 두 번 말한다), 특히 수많은 외생 변수가 여기저기 떠다니는 현실 데이터 분석에서는 더욱 그렇다. 두 변수 간의 관계 분석을 하면서 상관관계와 인과관계를 사용할 때는 내생 변수*와 외생 변수를 이해하고, 변수의 추이에 영향을 미칠 수 있는 요인이 어떤 것들이 있는지를 꼼꼼히 따져보아야 한다. 상관관계가 있다고 섣부른 판단을 하다 보면 여름의 소아마비처럼 실제와 상관없는 데이터 결과를 흔들면서 이상한 정책을 진행하고, 아까운 시간과 돈과 인력만을 소비하고, 잘못된 생각으로 더 큰 실수를 불러올지도 모르는 일이다.

---

* 실험에서 고려하는 내부 변수

숫자의 불확실성
큰 수를 더 크다고 말하지 못하고

2화

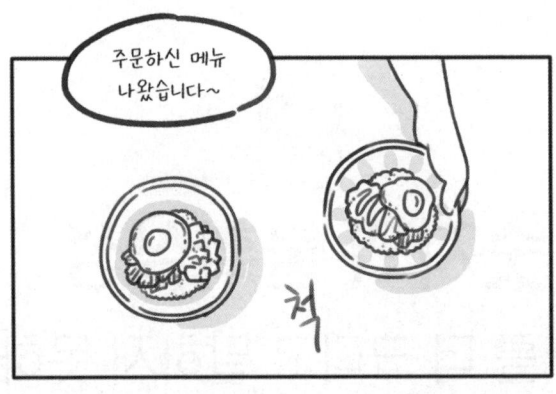

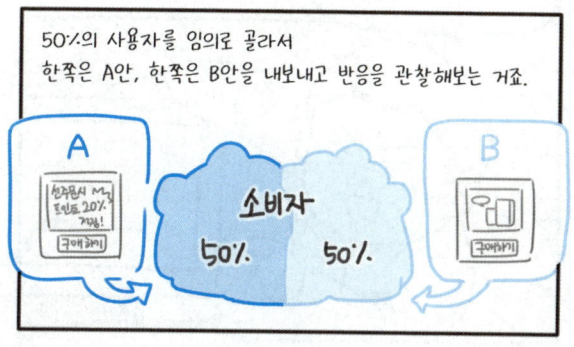

A 배너엔 7,800명이 들어와서 155건의 전환이 발생했고

B 배너엔 8,000명이 들어와서 169건의 전환이 발생했어

Visitors A	Conversions A
7800	155
Visitors B	Conversions B
8000	169

일단 양쪽 분기가 200명이나 차이나는 데다

전환 발생 건수는 겨우 14건 차이...

*conversion(전환): 고객이 디지털 마케팅의 영향을 받아 구매나 그에 가까운 행동을 하는 것
출처 국제영어대학원대학교 신어사전

*전환율을 보면 B가 고작 0.12% 높은 건데

A   1.99%
B   2.11%

이 정도 가지고 B가 성과가 좋다고 하면

*전환율: 전환 수 (conversions) / 방문자 수 (visitors)

038

한 숟가락만 먹을 건데

사실 숫자란 건, 한 번도 절대적이었던 적이 없어요.
이 사과를 '한 개'라고 부르는 것조차,

수많은 사람의 공통된 전제하에 만들어진 기준일 뿐이죠.

사과마다 크기와 맛이 다 다르지만,
한 덩어리의 열매라는 이유로
우린 이 모든 사과를 '한 개'라고 세는 거예요.

만약 사과를 봉지에 넣었다면,
봉지에 사과 몇 개가 들어있는지에 상관없이
우린 '사과 한 봉지'라고 세겠죠.

데이터는 그보다도 훨씬 많은 전제와 요약이 더해져서
생성된 것이기 때문에

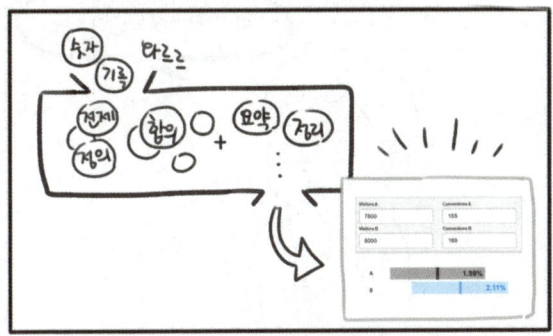

그 기반에 있는 수많은 가정과 합의를 이해해야 해요.

다음 화에 계속!

숫자의 불확실성
큰 수를 더 크다고 말하지 못하고

숫자의 큰 역할 중 하나는 정량적인 비교다. 우리는 숫자의 변화를 통해 시간의 흐름을 알고, 통장의 숫자가 0에서 갑자기 확 늘어나면 월급이 들어왔는지를 알 수 있다. 회사도 마찬가지다. 숫자의 변화로 회원 수 증가를 알고, 수익이 늘어난 정도를 확인한다. 이제는 데이터 관련한 기술의 발달로, 사용자가 특정 페이지에 얼마나 들어갔는지, 게임의 어느 퀘스트에서 사용자가 많이 이탈하는지 같이 세세한 것까지 수치화해서 확인할 수 있다. 요즘 많이 사용되는 '데이터 기반 의사 결정'이라는 말은 이렇게 수치화된 데이터를 기반으로 판단해 다음 행보를 결정하는 것이고, 결국 전후, 혹은 다양한 상황에서 얻은 데이터를 정량적으로 비교함으로써 이루어진다.

숫자 자체의 변화는 중요하고, 숫자 변화를 기반으로 한 판단은 명확한듯 보인다. 기술의 발달로 다양한 움직임을 세밀하게 측정하기 좋아졌고, 이를 활용하는 여러 방법도 고안되었다. A/B 테스트처럼 동시간에 사용자를 나눠서 반응을 살펴보는 등의 다양한 실제 실험도 널리 사용되고 있다. 많은 기업에서 A/B 테스트를 활용해 서비스를 개선하고, 더 나은 이벤트 효과를 노린다. 간혹 옆사람과 SNS 버튼이 다르고, 본인에게만 특정 쿠폰이 발급되는 경험을 해보았을 것이다. 이런 것이 A/B 테스트다. 그리고 우리가 의아해하며 사용한 내용은 데이터화되어, 데이터 분석가와 현업 부서 사람이 어느 쪽을 선택할지 비교하는 데 참고자료로 사용된다.

하지만 이렇게 직접적이고 단순한 숫자 비교에는 여러 딜레마가 있다. 세상은 가변적이고, 크게 봤을 때는 동일한 것도 나눠서 보면 다르기도 하다. 1년에 36일 비가 오는 곳이라고 하더라도 매달 세 번 비가 내리지는 않는다. 어떤 달에는 6일 비가 오기도 하고, 어떤 달에는 안 올 수도 있다. 데이터 분석가는 이런 상황을 보고 어떤 달에 비가 몇 번 올 것인지를 말할 때, '3일'이라고 정확히 말하기보다는 '평균적으로 3일가량 온다(평균 3인 확률 분포 모형*을 따른다)'라고 이야기할 것이다. 단순한 차이가 있더라도, 그 차이가 통계적으로 의미가 있는지, 고려해야 할 전제 조건은 없는지, 그 차이가 정말 여러 측면에서의 차이가 맞는 것인지를 여러 도구를 사용하여 고민한다. t-검정**, z-검정*** 등의 여러 검정 방법이 있고, 이를 실험 상황에 맞게 적절하게 적용해서 참고한다.

'숫자의 차이'는 절대적인 것처럼 보이는데, 이를 왜 '여러 면으로' 고민해야 할까? 수학은 불확실성 위에 쌓아 올려진 학문이고, 통계는 항상 확률과 같이 등장하며, 숫자는 한 번도 절대적인 적이 없다. '사과 3개'라는 명확하다고 생각하는 숫자의 절대성도 사실은 수많은 사람의 공통된 전제하에 만들어진 기준이다. 우리는 사과 크기가 다 다르고, 맛도 다 다르지만 한 덩어리의 열매라는 이유로 '한 개'라고 센다. 만약 사과를 봉지에 넣었다면 사과가 몇 개든 신경 쓰지 않고 '사과 한 봉지'라고 할 것이다. 이런 간단한 숫자 사용에도 이미 전제가 적용된다. 세상의 수치 비교는 수많은 전제를 논리적으로 배치했을 때 수학이나 통계의 가치가 빛을 발하게 한다.

특정 시간에 남겨진 기록인 데이터는 더욱 고려할 사항이 많다. 데이터에는 기록 전에 형태를 잡는 과정부터 특정 정의와 합의를 포함한 많은 전제

---

* 푸아송 분포. 단위 시간 안에 어떤 사건이 몇 번 발생할 것인지를 나타낼 때 사용되는 확률 분포 모형.
** 두 집단 간의 평균의 차이가 유의미한지 검증하는 통계 검정 방법.
*** 모집단의 속성을 살피기 위하여 추출된 표본의 통계값의 평균과 연구자가 이론적 혹은 경험적 배경에서 얻은 특정 값을 비교하는 통계적 방법.

가 들어가 있다. 그렇게 쌓은 초기 데이터는 많은 가정과 합의에 의해 가지치기되고 단순화되어 요약되고 정리된다. 대개는 이런 과정을 거쳐 나온 단순한 숫자를 사용한다. 이 숫자를 제대로 사용하려면 당연히 그 아래 켜켜이 쌓아둔 많은 가정과 합의를 탐색하고 이해해야 한다. 가지치기된 내용을 풀어내는 데 여러 추론 방법과 가정을 사용해야 할 수도 있고, 이 과정에서 내용이 다소 유실되거나, 의도와는 다른 상황이 들어갈 수 있음도 이해해야 한다.

숫자는 눈에 보이고, 뺄셈은 단순하다. 하지만 다양한 상황에서 발생하는 다양한 숫자를 비교해야 한다. 숫자를 비교하려면 정의, 실험, 실제 수치, 상황 등 고려해야 하는 전제가 생각보다 많다. 무조건 숫자가 크고, 그래프가 잘 나오는 값을 고를 수는 없다. 이는 상관관계로 인과관계를 해석하려는 것*만큼이나 덧없는 일이다.

---

* 1화 '상관관계와 인과관계 : 광고 덕분에 DAU가 늘었다?' 편 참조

모수와 표본
모수가 이렇게 충분한데 그냥 쓰면 안 될까?

3화

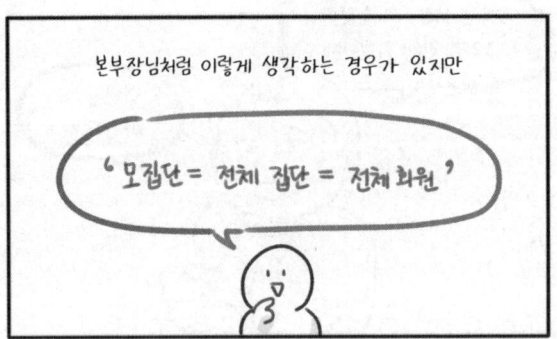

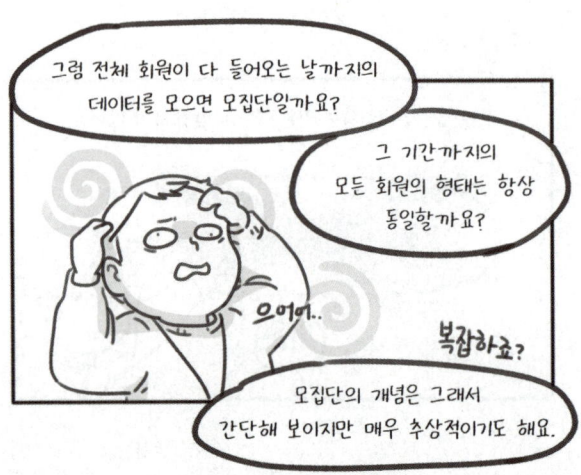

그래서 모집단의 데이터 분석은 이런 절차를 거쳐요.

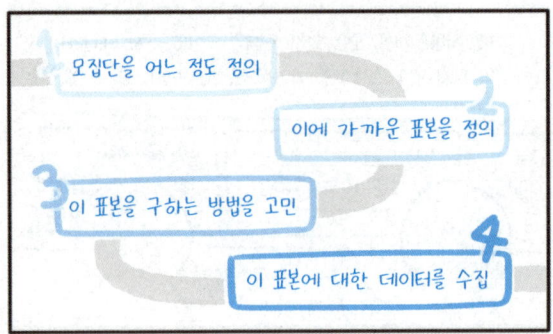

예시를 들어볼게요!

만약 전체 사용자의 구매 패턴을 확인하고자 한다면,
이를 모집단이라고 '대충' 정의해서 이해합니다.

다음으로는 이에 가까운 표본을 정의해야겠죠.

이때, 해당 모집단의 특성치를 추정하기에 적당한 표본을
정의해야 하는데

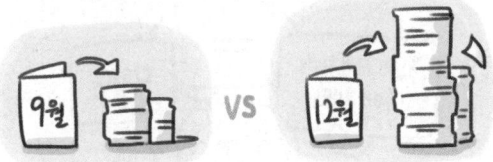

한 달간 구매 데이터가 적은 것과 큰 것,
둘 중 어느 것이 더 적합할까요?

이때 많이 사용되는 것이 '큰 수의 법칙'이에요.

큰 수의 법칙

'표본의 크기가 충분히 크다면
그때의 표본평균은 모평균에 충분히 가까워진다'

만약 12월 한 달의 구매 데이터가 충분히 크다면,
이 표본 평균이 전체 사용자의 표본 평균에 보다 근접해지겠죠.

모수와 표본
모수가 이렇게 충분한데 그냥 쓰면 안 될까?

어렸을 때 '이해가 어려운 것은 자신의 언어로 바꾸어서 생각하라'는 공부법이 있었다. 구구단에서 2×2 = 4를 외우기가 힘들면 '사과 2개를 두 번 사오면 네 개가 된다'라고 생각하는 식이다. 이 방식은 대부분 사람에게 굉장히 효과가 좋아, 유용한 학습법으로 알려져 있다.

이 방식은 공부뿐만 아니라 삶의 전반에 사용된다. 많은 사람은 많은 개념을 자기가 아는 식으로 풀어서 생각하고, 적용한다. 물론 이런 방식을 통해 지식의 저변을 넓히게 되고, 사과만 살 줄 알아도 구구단을 외우게 되지만, 이 방식에도 단점은 있다. 다양한 방식과 다양한 분야를 이해하지 못한 채, 자신이 생각하는 방식과 알고 있는 개념에 천착하게 된다는 것이다. 그래서 새로운 개념이 생겼을 때 받아들이는 것을 어려워하는 사람이 되어버리고 만다. 요즘처럼 빠르게 변하는 세상에서 살아가기에는 꽤나 슬픈 일이다.

아마도 이런 사람들이 새로 받아들이기 어려워하는 것이 데이터의 세계요, 통계의 개념일 것이다. 데이터와 통계 개념을 널리 사용하게 된 것도 거의 10여 년이 다 되어가고 '이제는 먹고살기 위해서 데이터 사용이 필수 불가결하게 되었다'고 사람들도 겨우 인지하게 되었다. 그런데 이를 활용하는 사람 중 상당수가 '자신의 사고방식으로 풀어서' 이해하고 받아들이고, 이 과정에서 적지 않은 블랙코미디가 발생한다. '모수'와 '표본'이 대표적으로 이렇게 오용되는 개념이다.

모수란 무엇일까? 의외로 많은 사람이 '모수'를 '모집단'의 수라고 생각한다. 그러면 모집단이란 무엇일까? 물어보면 '전체 집단'이라고 한다. 전체 집단은 무엇일까? 그냥 '전체 회원'이라고 생각한다.

하지만 '전체 집단'을 정의하는 것은 그렇게 간단하지 않다. 이 서비스에서 전체 회원이 매일 들어오지 않는다면, 하루의 회원 활동 스냅샷을 가지고 모집단이라고 할 수 없다. 그러면 전체 회원이 다 들어오는 그날까지의 데이터를 모으면 모집단일까? 그 기간까지의 모든 회원의 형태는 항상 동일할까?

'모집단' 개념은 그래서 매우 간단한 듯하면서도 의외로 복잡하고 추상적인 면이 있다. 그래서 우리는 모집단을 어느 정도 정의한 후, 모집단에 가까운 표본을 정의하고, 이 표본을 구하는 방법을 고민한 후, 표본에 대한 데이터를 수집한다. '전체 사용자의 구매' 패턴을 파악하고자 했을 때, '전체 사용자'라는 개념을 일단 어느 정도 정의하고, 이 중에서 사용할 데이터를 찾는다. '2020년 12월 한 달의 구매 사용자에 대한 구매 데이터'라고 사용할 데이터를 정의하면, 이 데이터는 일종의 '표본'이 된다. 표본을 정하고 나면 '표본'이 해당 '모집단'의 특성치를 추정하기에 적당한 것인지를 고민한다. 이때 많이 사용되는 것이 '큰 수의 법칙'이다. 큰 수의 법칙은 표본의 크기가 충분히 크다면 그때의 표본 평균은 모평균에 충분히 가까워진다는 것이다. 그래서 이렇게 정의한 한 달의 구매 사용자의 구매 데이터가 충분히 커진다면, 표본 데이터의 평균이 전체 사용자의 평균에 더 근접해질 것이다. 이 외에도 중심 극한 정리* 등 다양한 가정을 사용해서 표본으로 모집단의 형태를 추정해나간다.

그렇다면 모수는 뭘까? 모수는 '모집단의 수치적 요약값'이다. 모평균이나 모표준

---

* 동일한 확률 분포를 가진 독립 확률 변수 n개의 평균의 분포는 n이 적당히 크다면 정규분포에 가까워진다는 정리

편차 같은 모집단에 대한 통계값을 모수라고 한다. 그리고 표본 데이터에서 이런 통계 대푯값을 구한 후, 이를 모집단의 통계값, 즉 모수라고 말하고 이를 근거로 모집단의 형태를 추정한다.

많은 데이터 분석은 이와 같이 모집단의 형태를 추정하는 식으로 이루어진다. 따라서 데이터 분석에서 '모집단' 자체를 다룰 수 있는 경우는 거의 없다. **전체 데이터를 다 사용한다고 해도, 그 데이터가 서비스를 적게 사용한 사람들, 늦게 가입한 사람들, 중간에 탈퇴한 사람들을 모두 대표할 수는 없다.** 사람들은 이런 사실을 종종 잊어버린다. 단순히 숫자를 보고, 또는 '빅데이터'를 손에 쥐고, 이제 모든 것을 다 가졌다는 착각을 하고야 만다. 그리고 다양한 통계 용어를 접하면서 자신이 데이터와 통계에 익숙해졌다는 망상에 빠진다. 그 결과, 여러 단어의 의미와 개념을 혼동한 채 이상한 방향의 결론을 쏟아놓기에 이르고 만다.

물론 데이터 분석에서 개념은 모를 수 있다. 하지만 무엇보다도 논리와 정의가 중요한 데이터 분석에서, 정의를 잘 모르는 단어를 대충 자신의 생각대로 사용하는 데에서 수많은 일그러진 분석 결과가 만들어지고, 데이터 분석가의 일그러진 표정이 만들어지곤 한다. 자신이 아는 것으로 모든 것을 해석하는 데는 한계가 있다. 자신이 익숙하지 않은 지식과 용어에 대한 정의를 객관적인 시각으로 이해하는 것, 자신의 시각에 비추어 오용하거나 남용하지 않는 것, 그리고 공감대를 형성하는 것. 이런 것이 데이터를 이해하기 전에 서로 잘 맞춰가야 하는, 무엇보다 중요한 전제다.

확률과 분포
그때는 맞고 지금은 틀린가?

4화

마케팅본부장 때문에
회사 때려치고 싶어요.

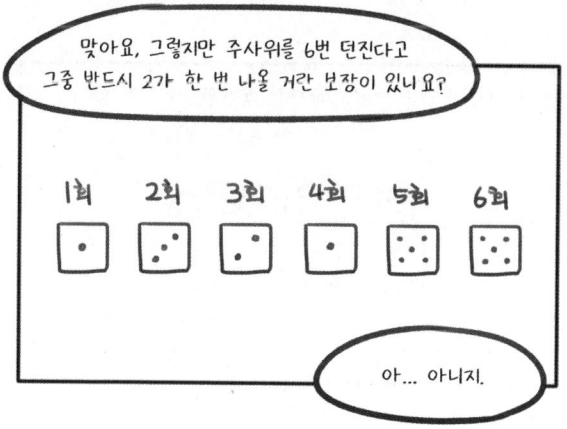

그쵸. 실생활에서의 예시를 들어볼게요!
우리는 다 회 실행된 결과를 모아, 어떤 분포로 만들고
확률을 구할 수 있어요.

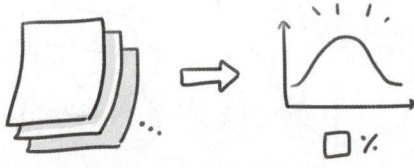

이를테면 수년간의 기상 데이터를 모아서,
'8월에는 평균 9일 비가 온다'는 결과를 얻을 수 있죠.

당연한 얘기지만, 이건
'8월에는 항상 9일 동안 비가 온다'라는 뜻은 아니에요.

만약 오늘이 8월 29일인데, 지금까지 비가 매일 왔어요.
그럼 30과 31일엔 무조건 비가 올 거라고 할 수 있을까요?

아니겠죠? 데이터 분석가가 신도 아니고.

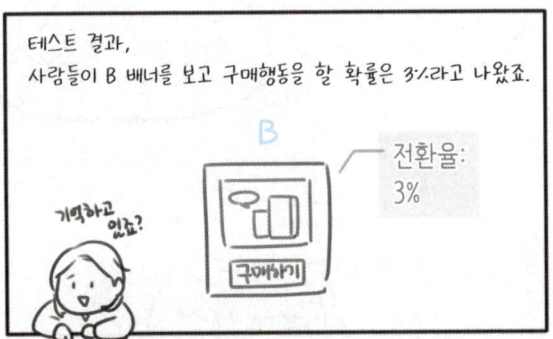

*conversion(전환): 고객이 디지털 마케팅의 영향을 받아 구매나 그에 가까운 행동을 하는 것

*전환율: 전환 수 (conversions) / 방문자 수 (visitors)

주사위를 6번만 던진다면 각 숫자가 차지하는 비율이 들쑥날쑥할 수 있겠지만

주사위를 수백 번 던진다면 각 숫자가 차지하는 비율은 서로 점점 비슷해질 거예요.

그러니 이 프로모션도 앞으로 더 지켜보면

평균값이 3%에 점점 가까워질 수도 있겠죠?

확률과 분포
그때는 맞고 지금은 틀린가?

확률은 사람들의 삶 곳곳에 침투해 있다. 매일 아침 출근길에 하나씩 로또를 사며 로또가 당첨될 '확률'을 생각한다. 오늘 점심에 비가 올 '확률'을, 퇴근길에 지하철을 한 번에 탈 수 있을 '확률'을, 저녁에 집에 가서는 게임 가챠(뽑기 형태의 아이템)에서 좋은 카드를 뽑을 '확률'을 떠올린다.

그래서 우리는 확률에 매우 익숙하다. 오늘 비가 올까? '그럴 가능성이 높아 보인다'. 오늘은 가챠로 한정 아이템이 나올까? '그럴 확률이 낮아 보인다'. 지구가 평평할까? '그럴 가능성은 지극히 낮지'라는 대답을 한다. 그리고 만약 비가 왔다면 '오늘은 일기예보가 맞네'라고 말한다. 이런 말은 결국 어떤 사건에 대한 가부를 묻는 형태가 된다.

이때 계속 사용하고 있는 '확률'이란 무엇일까? 확률에 대한 해석은 다소 다양하지만, 일단 표준국어대사전에 나오는 '일정한 조건 아래에서 어떤 사건이나 사상(事象)이 일어날 가능성의 정도'라는 정의를 사용한다고 하자. 이 정의하에서 '매일 접속하는 게임에서 오늘 A라는 아이템이 나올 확률은 0.01%다'라는 것을 알고 있다고 해보자. 하지만 이는 이전에 언급했던 것처럼, 항상 10,000개의 아이템 중 1개의 아이템이 나오는 것을 보장하는 것이 아니다(실제 중국에서는 확률형 아이템에 대해 일정 횟수당 해당 아이템이 확률만큼 나오는 것이 보장되어야 한다고 해서 논란이 일어났던 적이 있다). 대략 10,000번씩 아이템 뽑기를 해봤을 때 어떤 때는 1번, 어떤 때는 3번, 어떤 때는 1번도 나오지 않을 수 있다. 이렇게 동일한 상황에서 여러 번 시행한 결과를 통해 시행 결괏값의 평균과, 각각의 시행 결괏값이 이렇게 구한 평균에서 얼마나 멀리 떨어질 수 있는지를 파악할 수 있다.

이때 시행 결괏값의 평균을 0과 1 사이로 나타낸 것을 '확률'이라고 하고, 확률이 어떤 모습으로 퍼져 있는지를 나타내는 것을 '분포'라고 한다. 분포의 모양새를 보고 특정 값이 얻어질 확률을 파악할 수 있다. 예를 들어 (아무런 장치가 되어 있지 않은) 주사위를 하나 굴릴 때 얻을 수 있는 값의 확률은 1부터 6까지 동일하다. 주사위를 굴려 2가 나올 확률은 1/6이다. 이에 대한 확률 분포는 일종의 수평선을 그리는 형태로 나타난다. 아마도 열 번 주사위를 굴리면 1은 한 번, 2는 두 번, 3은 한 번... 식으로 나타날 수 있다. 하지만 수백 번 주사위를 던지면 각 값에 대한 확률은 대략 1/6에 가깝게 맞춰질 것이다.

▲ 주사위를 던졌을 때 각 번호가 나올 확률 분포

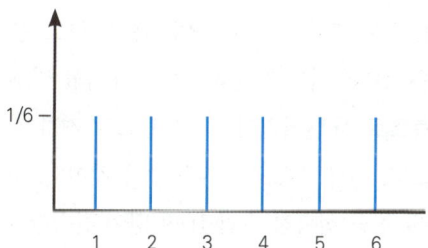

이는 실제 상황에서도 비슷하다. 그래서 동일한 환경에서 다 회 실행된 결과를 모아 어떤 분포로 만들고 확률을 구해서, '이러이러할 확률은 대략 어느 정도 된다'라고 이야기한다. 수년간의 8월 기상 데이터를 모아서 '8월에는 평균 9일 비가 온다'라고 말할 수 있다. 기존 결과가 없는 상태에서 어떤 확률을 구할 때는 사건을 임의로 일으켜 데이터 집합을 만들기도 한다. 이런 용도로 사용되는 기법으로 A/B 테스트가 있다. 그래서 A와 B가 평균 10% 차이로 A가 더 높았고 대략 전환율이 3%라는 결과가 정말로 확실하다고 해도(실제 상황에서는 이미 환경이 동일하지 않을 여러 변수가 있지만 무시한다고 해도), 실제로는 전환율이 훨씬 낮게, 혹은 더 높게 나오는 날도 존재할 수 있다. 다만 아주 오래 이를 두고 보면, 수학자 베르누이가 말한 '큰 수의 법칙'을 따라 그 비율은 3%에 가까워질 수 있을 것이다. 확률은 지나간 사건의 결과를 보상해주지 않는다. 동전 앞면이 세 번 나왔다고 해도, 다음에 뒷면이 세 번 나오지는 않는다. 하지만 사건의 반복을 통해 쌓이는 데이터는, 흙탕물에 맑은 물을 붓는 것처럼 이런 불균형을 정돈할 힘을 가지고 있고, 많은 기록이 지나간 후에는 대략 동전 앞면이 50%, 뒷면이 50%에 가까워지게 된다.

개별 사건에 대해서 확률 분포의 평균값이 늘 나오지는 않겠지만, 장시간 두고 보았을 때 해당 분포의 형태로 수렴할 것을 기대하며 실험을 하고, 분포와 신뢰구간을 사용해서 예측을 한다. 데이터 분석가가 신내림을 받지 않는 한, 데이터 분석을 통한 예측으로 '내일 5명이 A 아이템을 가져갈 것이다'라는 식으로 답을 낼 수도 없고, 낸다고 해도 맞지도 않을 것이다. 굳이 답을 낸다면 '내일 이번 달 주말 평균 접속자 수인 10만 명이 접속한다는 전제하에 평균 5명이 A 아이템을 가져갈 것이고, 이에 대한 95% 신뢰구간은 [1.2, 8.5]이다' 같은 복잡하고 애매한 답을 낼 것이다. 하지만 많은 사람은 빠르고 쉽게 이해되는 결과를 원하고, 문제와 과정에 상관없이 자신이 이해할 수 있는 답을 주기를 원한다. 하지만 세상의 이치가 본인의 입맛에 맞춰줄 수는 없는 노릇이다.

우리는 로또를 50번 샀는데 '왜 5등조차 한 번도 안 되는가?'에 대해서, '왜 안되지?'라고 속으로는 생각해도 그 결과를 따지러 복권위원회에 전화를 하지는 않는다(실제로 5등에 당첨될 확률은 2.2% 정도 된다). 어딘가에는 당첨된 사람이 있고, 각 번호가 뽑힐 확률은 동일하며, 5등 당첨자 수는 항상 일정하지는 않으나 대략 비슷할 것이다. A가 B보다 높을 확률이 60%라고 해도, 오늘은 A가 B보다 낮은 값이 나올 수도 있음을 안다. 그리고 이 글을 쓰면서도 나는 다시금 흐릿하기 짝이 없는 일확천금의 꿈을 꾸며, 내가 5등이나마 당첨될 확률은 극히 낮다는 사실을 알고 있으면서도 내일은 로또를 사야겠다고 생각하는 것이다.

실험을 통한 의사 결정
실험의, 실험에 의한, 실험을 위한

5화

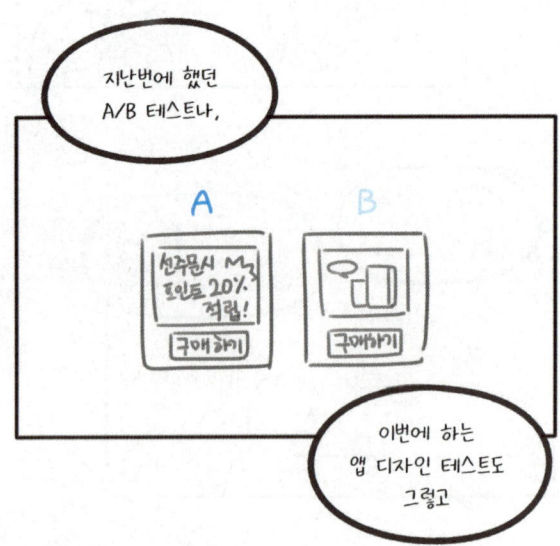

많은 사람이
자신이 실험 상태에 있는지도 잘 모를 만큼,

실험은 이미 익숙한 형태로 우리와 함께하고 있고,
점점 다양한 분야에서 사용되고 있어요.

그러나 실험이 새로운 데이터를 얻게 해준다고 마냥 좋은 것만은 아니에요.

예를 들어, 여러 실험이 동시에 이루어질 경우
실험끼리 서로 영향을 받는 등의 부작용이 발생할 수 있어요.

현재 진행 중인 저희 앱 디자인 테스트를 살펴볼까요?

이 테스트를 실시하면, 일부 사용자에게는
장바구니부터 결제까지 구매 과정이 꽤 많이 바뀌어요.

실험을 통한 의사 결정
실험의, 실험에 의한, 실험을 위한

많은 기업에서는 '실험'을 통해 '데이터'를 수집하고 '의사결정'을 한다. 시간이 갈수록 세상은 빠르게 변하고, 서비스도 이에 맞춰 빠르게 변하며, 불확실성은 커져만 간다. 대부분의 변화는 기존에 없었던 것이기에, '기존의 기록'인 데이터를 사용해서 이런 불확실성을 메우기에는 한계가 있다.

오늘날 많은 곳에서는 이럴 때 '실험'을 한다. '실험'이라고 하면 흔히 하얀 가운을 입고 연구실에서 플라스크와 비커에 화학약품을 넣고 이리저리 살펴보는 이미지가 떠오르겠지만, 많은 온라인 서비스에서의 실험은 그렇게 특별해 보이지 않는다. 버튼의 모양을 바꾸거나, 사용자의 UX를 변경하는 정도고, 실험 중 가장 대표적인 'A/B 테스트'*는 이미 많은 사람들에게 익숙하다. 많은 경우 사람들은 본인이 현재 실험 상태에 있는지 알지 못한다.

이런 실험은 왜 할까? '기존에 없었던 기록'을 얻기 위해서다. 갑자기 새로운 것을 적용했을 때 사용자의 변화를 기존 데이터로는 알 수 없다. 하지만 가능하다면 새로운 상황에 사용 가능한 데이터를 확보해서 불확실성을 줄이고 싶다. 이런 마음으로 사람들은 실험을 하고, 점점 더 다양한 분야에, 더 적극적으로 실험을 적용하고 싶어 한다.

하지만 실험이 과연 이 모든 것을 해결해줄 수 있을까? 일부 데이터 및 실험 신봉자는 그럴 것이라고 믿지만, 모든 결정에 실험을 적용한다는 것은 사실상 불가능하고, '과유불급'이라는 옛말처럼 실험에 너무 많이 의존하다 보면 오히려 실험이 악영향을 끼치는 경우도 발생한다.

---

* 2화 참고

실험이 악영향을 끼치는 가장 이해하기 쉬운 경우는 실험 결과가 제대로 나오지 않은 것이다. 결과가 제대로 나오지 않았는데 이를 그대로 실제 의사 결정에 사용하면 잘못된 결정을 내리게 된다. 이런 경우는 의외로 많이 발생한다. 현실을 그대로 실험화하는 오늘날의 A/B 테스트 계열의 실험은 더욱 그렇다. 실험할 때는 실험 대상 외의 모든 변수를 일정하게 유지해야 그에 대한 효과를 파악할 수 있다. 물론 현실에서 다른 변수들을 통제할 수 없는 이상, 변수가 일정하다는 것은 불가능에 가깝다.

A/B 테스트의 경우, 임의로 나눈 두 집단의 값도 완전히 동일하지는 않겠지만, 보통 '통계적 유의성'을 미리 파악하여 유의하다고 판단되는 선에서 실험을 진행해야 한다. 하지만 이 외에 다른 변화가 일어날 가능성이 있다면(서비스 기능 추가, 프로모션 등) 실험 기간을 새로 고려하거나 실험 자체를 다시 고민해보는 것이 낫다. 실험 중 의도치 못한 변화가 생긴 경우라면, 해당 변화의 특성을 파악하고, 이에 따라 실험을 빠르게 중단하거나 재설계하는 등의 조치를 취할 수 있다.

서비스 규모가 늘어나고, 실험 의존도가 커지면서 여러 실험이 동시에 이루어지는 경우도 발생한다. 실험이 겹치는 경우에는 발생할 수 있는 부작용을 미리 고려해야 한다. 요즘에는 이런 상황을 고려한 다양한 기술적 대안들도 나오고 있고, 시간이나 상황을 고려하여 데이터를 처리할 수도 있지만, 실험 간에 상관관계가 발생한다든가 하는 예상치 못한 상황도 발생할 수 있다. 실험을 매우 세밀하게 설계해서 이런 부분을 예상해서 처리하면 좋겠지만, 여러 실험을 집행하는 경우 실험 설계를 꼼꼼하게 하는 경우는 많지 않다. 이 경우 같이 발생하는 모든 실험에 해가 될 수 있고, 실험 결과의 신뢰도는 낮아진다.

실험은 이후 데이터 분석에도 영향을 미친다. 실험 대상이 된 데이터는 다른 데이터와 마찬가지로 고객의 사용 내역이 기록된 데이터지만, 실험 내용이 섞여 있어 이를 그대로 사용할 수 없다. 최소한 데이터를 사용하는 사람이 해당 데이터가 기록된 시기에 실험이 이루어졌다는 것을 인지하고 있어야 한다. 실험 이후 실험 기간의 데이터를 그대로 사용한 데이터 분석 결과는 다소 신뢰도가 낮아질 수밖에 없다. '세상에 공짜 점심은 없다'라는 말처럼, 실험 역시 매우 유용한 수단이지만 사실은 이후에 사용할 데이터의 가치를 미리 끌어다 쓰는 것이다. 실험이 쉽고 도움이 된다고 마구잡이로 갖다쓰는 것은, 후에 그만큼 혹은 더 큰 비용을 지불하게 된다. 이왕 비용을 지불할 것이라면, 최대한 도움이 될 수 있도록 실험을 설계해야 한다. 당연히 기민하게 접근하되, 명확한 목표를 세우고, 어떤 부분에 실험을 적용할지 충분히 고민을 하자.

예전에는 테스트를 통해 미래의 결과를 조금이나마 훔쳐볼 수 있다는 것은 그저 꿈같은 일이었다. 하지만 이제는 기술의 발전과 서비스 성격의 변화로 이런 것이 가능해졌다. 실험은 이런 꿈이 구현된 대표적 형태로 '바로 사용 가능한, 기존에 없었던 기록'을 얻기에 가장 쉽고 빠른 수단이다. 하지만 이 역시도 만능은 아니고, 잘못 사용하면 오염된 데이터만 남고 서비스에는 도움이 되지 않을 수 있다. 고객의 행동 데이터는 소중하고, 그런 데이터를 잘못된 실험으로 낭비하지 않아야 할 것이다.

그래프 읽기
백문이 불여일견이라는 거짓말

6화

대학생 때부터인가, 내게 생긴 징크스가 있다.

아는 사람을 한 번 우연히 마주치면

그 후로도 자꾸 마주치게 되는 징크스.

문제는

별로 만나고 싶지 않은 사람 한정이다.

이 징크스는 대학생활 내내 날 따라다녔지만

좁은 캠퍼스에서
어쩔 수 없이 일어나는 현상이라 생각하며 넘겼다.

그런데 새로운 문제가 있다.

회사는 더 좁다는 것.

대시보드는 한 화면에서 다양한 정보를 관리할 수 있는 편리한 기능이다.

대시보드에는 한눈에 알아볼 수 있도록
그래프가 포함되곤 한다.

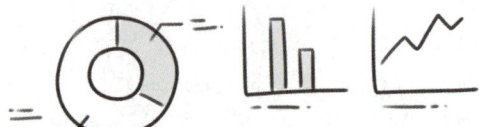

이 그래프 때문에라도, 우리는
적절한 대시보드 솔루션(소프트웨어 프로그램)을 선택하고
신중하게 대시보드를 만들 필요가 있는데—

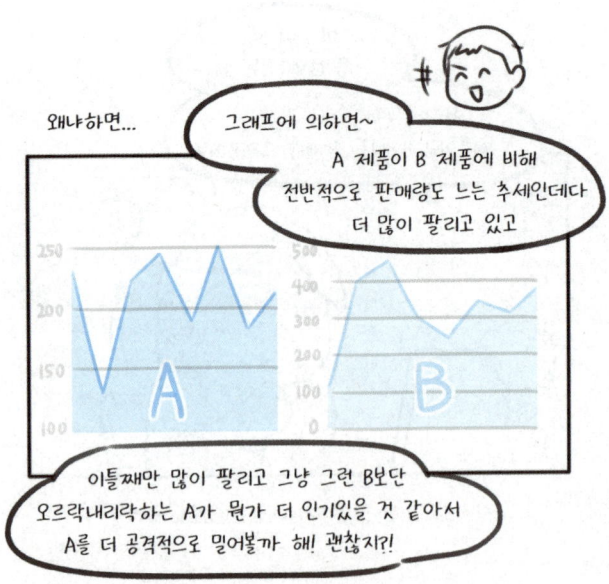

왜냐하면...

그래프에 의하면~
A 제품이 B 제품에 비해
전반적으로 판매량도 느는 추세인데다
더 많이 팔리고 있고

이틀째만 많이 팔리고 그냥 그런 B보단
오르락내리락하는 A가 뭔가 더 인기있을 것 같아서
A를 더 공격적으로 밀어볼까 해! 괜찮지?!

...본부장님처럼 데이터를 오해하는 일이 있을 수 있기 때문이다.

커피를 코로 먹는 걸 보니

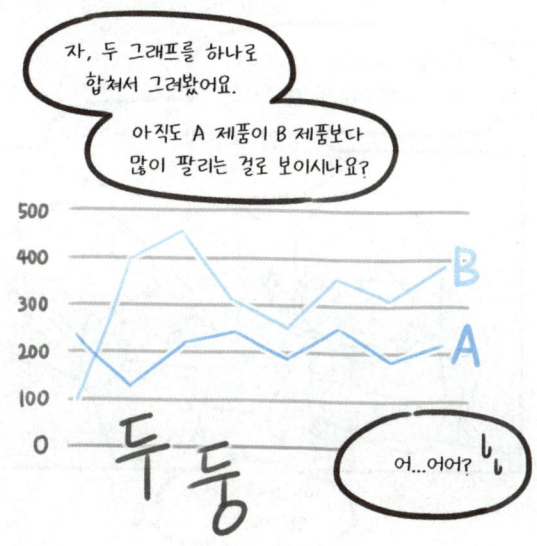

6화 그래프 읽기 : 백문이 불여일견이라는 거짓말

6화 그래프 읽기 : 백문이 불여일견이라는 거짓말

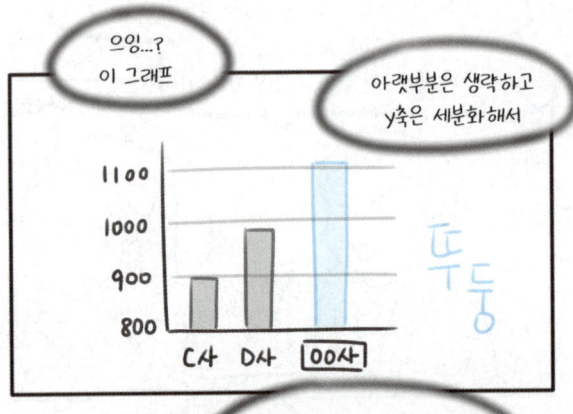

그래프 읽기
백문이 불여일견이라는 거짓말

숫자만 보면 머리가 지끈거리지만 숫자를 안 볼 수 없는 삶이 도래했다. 매일 뉴스를 보면 코로나 확진자 숫자부터 세금 인상률 등 숫자가 넘실댄다. 우리의 삶은 어느새 숫자가 알알이 박혔으나 보기 좋은 숫자라고는 통장에 찍히는 소득뿐이다. 게다가 '데이터'라는 이야기가 사람들의 입에서 회자되기 시작하면서, 그 데이터는 뭔지 확실히 모르겠어도 모든 일에서 숫자를 말하는 것이 더 일반화되었다.

이렇게 많은 숫자를 보고 살지만 사실 구구단을 배우던 시절부터 화면 가득 숫자와 기호만 표시되어 있으면 머리가 아파왔다. 많은 숫자 중에서 특정 숫자가 더 중요하고, 어떤 숫자들은 이어서 봐야 하고… 하는 정보를 한눈에 들어오게 만들기란 쉽지 않다. 그래서 그래프가 등장한다.

데이터 시각화라고도 말하는 그래프나 도표는 굉장히 유용하다. 그래프를 사용하면 여러 숫자를 써서 겨우 설명해야 하는 것을 예쁘고 쉽게 전달할 수 있다. 특히 숫자가 늘고 줄은 것을 한눈에 알 수 있어, **숫자로 표현된 상황이나 현상에서 빠르게 얻기 힘든 통찰을 훨씬 쉽게 얻는 데 잘 만들어진 그래프만큼 좋은 도구도 없다.**

하지만 숫자도 객관적이지 못하지만, 그 뒤에 숨은 사람들의 의도는 너무나도 주관적이라 그래프를 '객관적 현상 이해'만으로 사용하지 않는다. 상대를 설득하고, 놀라게 하고, 혹은 자신의 의도대로 선동을 하고, 감동을 주는 데 그래프를 사용할 수 있다. 혹은 최소한 '무언가 있어 보이게', 데이터를 '예쁘고 멋지게' 보이게 하려고 그래프를 사용하기도 한다. 그리고 그렇게 만들어진 그래프를 볼 때 사람들은 '숫자'보다는 '모양'에 압도당하고, 만든 사람의 의도대로 만들어진 결과를 머리에 넣게 된다. 그래프를 만든 사람은 이를 '효과적 전달 방식'이라고 하고, 이런 의도를 간파한 사람들은 '뻥튀기'라든가 '잘못된 그래프'라고 이야기를 한다.

언론에서는 특히 그래프 오용이 심하다. '인포그래픽'이란 이름으로 숫자도 제대로 신경 쓰지 않는다. 심지어는 크기 비교마저도 제대로 하지 않는다.

▲ 언론에서 사용한 잘못된 그래프의 예

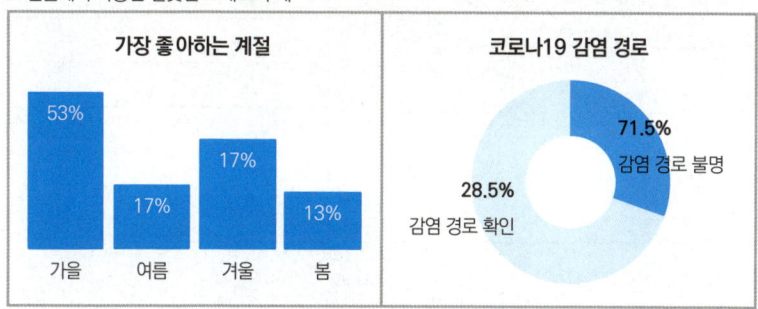

이런 그래프는 '그래프가 존재한다' 이상으로 무엇을 말하려고 하는지 알 수 없다. 아니, 그래프를 이용해서 사실을 부정하려는 것 같다는 생각까지 든다.

하지만 이는 인포그래픽만의 문제가 아니다. 완전히 잘못된 극단적인 그래프가 아니더라도, 기업 솔루션에서 보여주는 차트나, 회사에서 사용하는 보고서에도 가끔 이런 잘못된 그래프가 들어가 있다. 이런 곳에서의 그래프 눈속임은 더 정밀해서 더 찾기 힘들다. 게다가 이런 그래프는 위의 그래프처럼 도형과 숫자가 서로 완전히 다른 말을 하는 것도 아니다.

Y축을 임의로 사용하여 그래프의 변화량을 더 크게 만들고 값의 차이를

더 도드라지게 만들기, 혹은 그 반대로 해서 큰 차이도 눈에 띄지 않게 하기, 막대 그래프의 중간을 잘라서 여러 막대 간의 값 비교를 불명확하게 하기 등으로 조율된 그래프는 자세히 보지 않으면 데이터 내용을 잘못 이해하기 쉽다.

▲ A와 B는 동일한 데이터로 만들어진 그래프다.

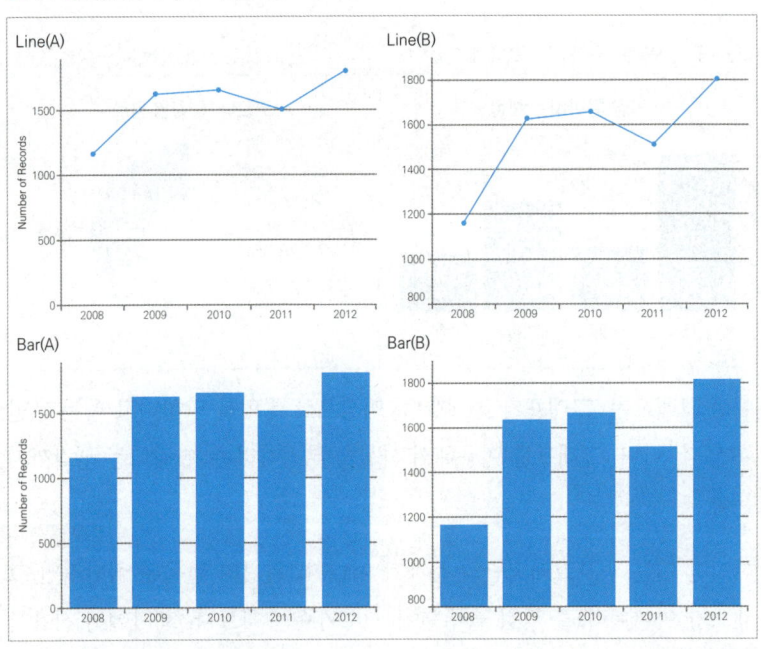

출처: www.chadskelton.com

그래프는 결과물을 더 예쁘게 만들고, 사람들이 숫자만 빽빽한 결과를 보다가 머리가 터지지 않게 하는 훌륭한 역할도 담당하고 있지만, 근본적인 목적은 '데이터를 직관적으로 이해할 수 있게 한다'는 것이다. 하지만 사람들은 그래프를 이용해 자연스럽게 사람들을 속이고 있다. 그래프 자체는 아무런 의도도 없겠지만 말이다.

그러다 보니 우리는 그래프를 보며 데이터를 제대로 이해하기 위해 각 그래프가 나타내는 숫자가 어떻게 되는지를 역으로 파악해서 머릿속에서 다시 숫자 필터를 거친 후에 결과를 내야 한다. 그래야 잘못된 그래프에 속지 않고 제대로 된 정보를 읽을 수 있다.

그래프가 자신의 기본적 목적을 달성한다고 믿고 싶고, 데이터를 직관적으로 편견 없이 이해하고 싶지만, 세상 사는 것이 그렇게 만만할 리 없다는 것은 데이터를 보는 세계에서도 마찬가지다. 쉽게 보려고 사용한 그래프에 오히려 더 뒤통수를 맞고, 세상 사는 것은 도구에 상관없이 만만치가 않으며, 어디에도 친절한 은총알 따위는 없고* 그림으로 만들어진 많은 데이터는 주관적으로 적힌다.

---

* 은총알은 서양의 늑대인간 미신에서 늑대인간을 제압할 수 있는 유일한 무기로 사용되며, 이제는 분야에 상관없이 '완벽한 솔루션'의 의미로 사용된다. 주로 '세상에 완벽한 솔루션이란 것은 존재하지 않는다'는 의미의 'no silver bullet'이란 관용어구로 쓰인다.

추세선 그리기
엑셀이 이르시되 추세선이 있으라

7화

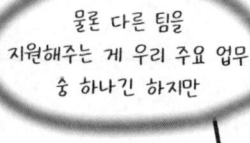

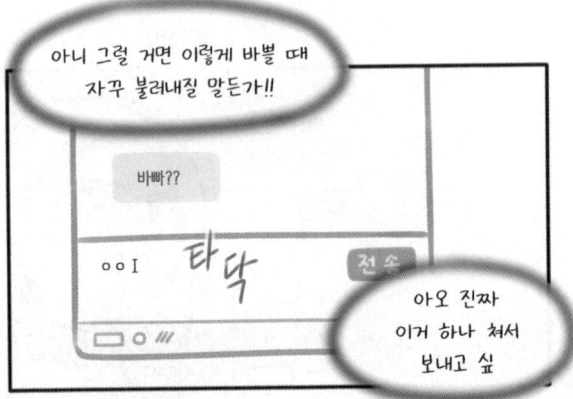

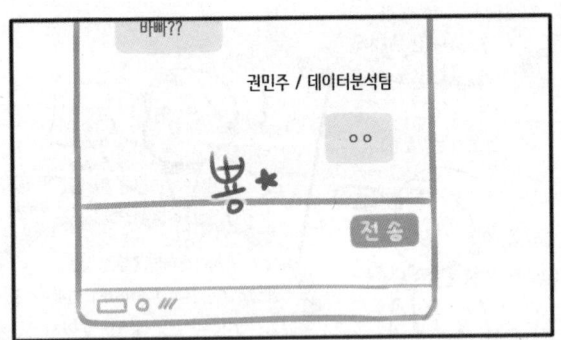

...다......?

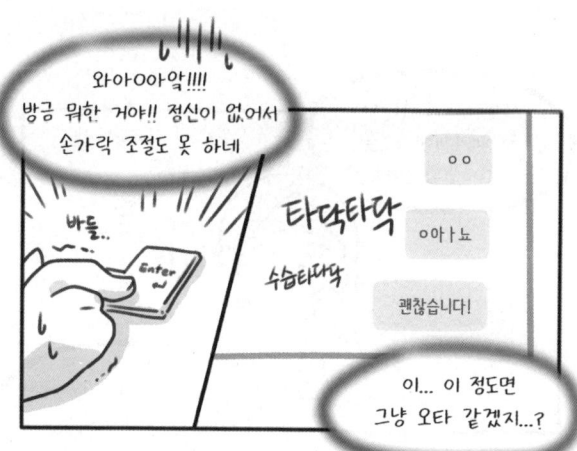

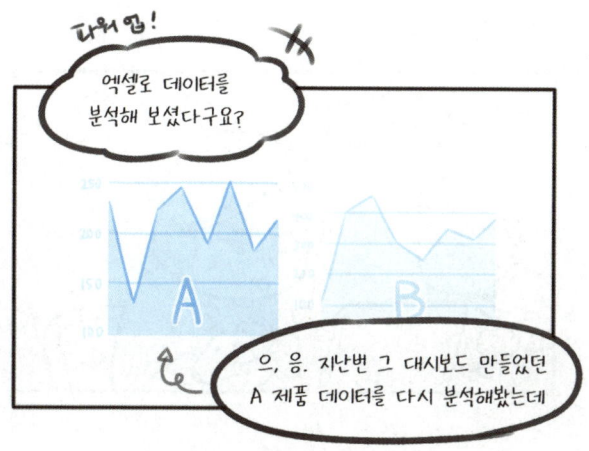

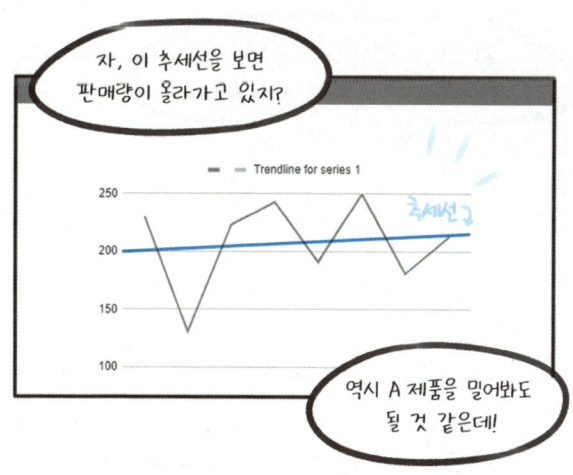

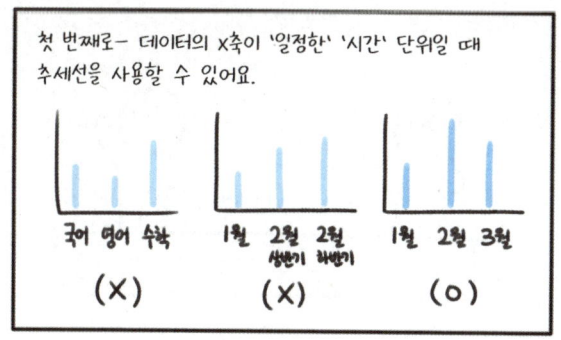

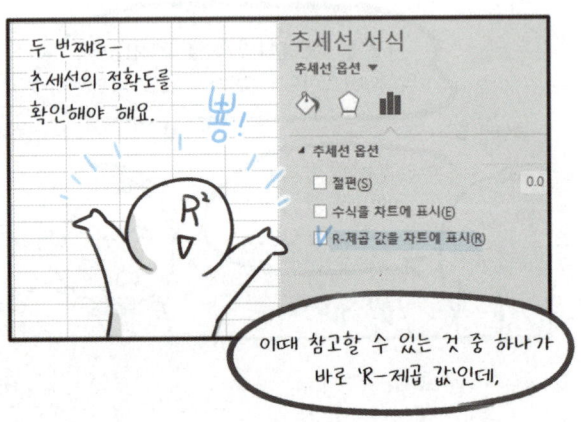

R-제곱은 0과 1 사이의 값으로
추세선과 실젯값이 얼마나 비슷한지를 나타내요.

1에 가까울수록 추세선과 실젯값이 비슷하다고 할 수 있죠.

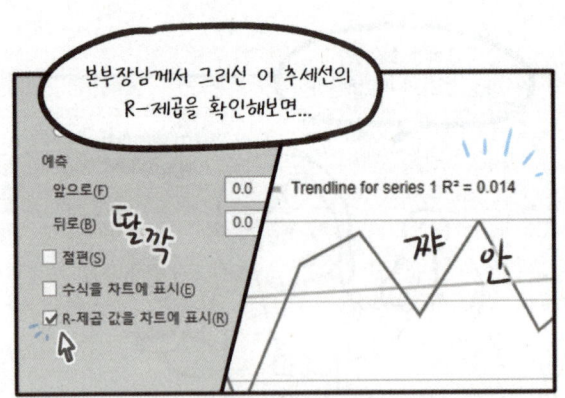

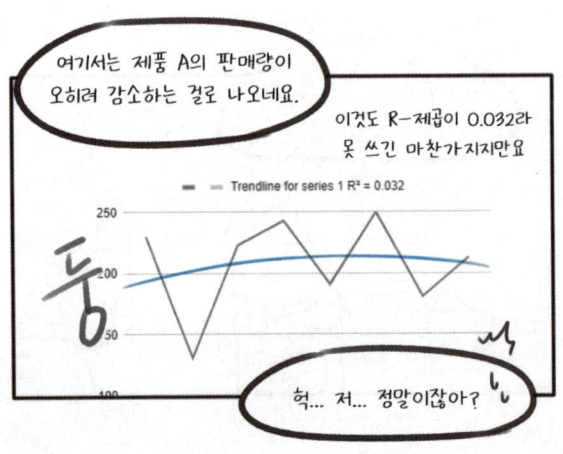

추세선 그리기
엑셀이 이르시되 추세선이 있으라

수많은 컴퓨터 프로그램 중에서 가장 훌륭하다고 생각하는 프로그램을 꼽으라면 단연코 엑셀*이라고 답할 것이다. 엑셀은 수많은 사무직 사람의 컴퓨터에서 중요한 자리를 차지하고 있으며, 엑셀을 얼마나 잘 사용하느냐로 업무 생산성을 가늠할 수 있을 정도다. 데이터 분석가의 일에도 엑셀은 도움이 된다. 데이터 분석가는 다른 사람들과 이야기를 하고, 문제를 같이 정의하고, 결과를 설득하고, 정보를 교환한다. 그 과정에서 분석가는 다른 사람들에게 정보를 최대한 잘 전달할 수 있도록 다른 사람들이 사용하는 방식을 배울 필요가 있고, 엑셀은 이런 용도의 가교로서 매우 훌륭한 도구다. 여러 분야의 사람들이 숫자를 보는 창구를 하나로 대통합한 엑셀의 위엄이란. 엑셀만 제대로 이해해도 다양한 분야의 사람들과 데이터나 숫자를 높은 장벽 없이 공유하고 대화할 수 있다.

하지만 엑셀이 다양한 분야에서 방대하게 사용되는 만큼, 오용되거나 남용되는 기능도 여럿 있다. 그중 대표적인 사례가 바로 '추세선'이다.

엑셀의 차트 그리기 기능에서 옵션 중 하나로 '추세선 그리기'를 제공한다. 추세선 그리기를 선택하면, 여러 종류의 회귀 분석**을 사용해서 들쑥날쑥한 데이터를 깔끔한 직선 혹은 곡선으로 만들어준다. 이렇게 만들어진 추세선을 보면 데이터가 어느 방향으로 진행되는지를 한눈에 쉽게 알 수 있으며, 가까운 기간의 값 예측을 도와주기도 한다.

---

* 스프레드시트 종류는 대부분 해당될 수 있겠으나, 그중에서도 가장 많이 사용되는 프로그램이므로 엑셀로 명시했다. 이 글에서도 이후 '엑셀'을 일반적으로 사용한다.

** 몇 개씩의 데이터에서 평균을 구해서 값을 이어가는 '이동 평균' 등 회귀 분석 외의 다른 방식의 추세선도 있으나 여기서는 주로 회귀 분석을 사용하는 추세선을 중심으로 이야기하도록 한다.

간단한 추세선은 주식 그래프 등 단일 시계열 데이터를 사용하는 경우 매우 유용하며, 데이터의 추이를 명확하게 파악하여 차트를 더 강력하게 만들어 줄 수 있다. 하지만 잘못 사용한다면 차트의 데이터를 더 강력하게 잘못 이해하게 될 수 있다.

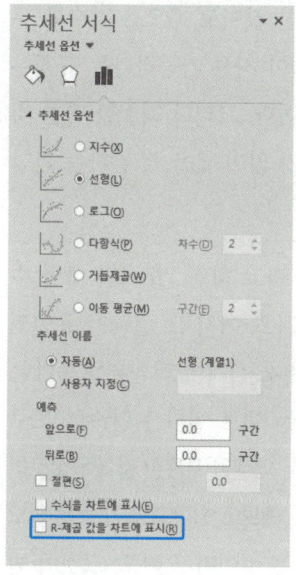

▲ 엑셀의 추세선 그리기 기능

추세선은 말 그대로 '추세'를 보여주는 선이다. '추세'는 장기적으로 늘어나거나 줄어드는 형태를 뜻한다. 따라서 이를 정확하게 그래프로 나타내려면 시계열 데이터 등 x축이 일정한 시간 단위로 만들어진 데이터를 사용해야 한다. '국어', '영어'처럼 시간이 아닌 값에는 추세선이 적절하지 않으며, '1월', '2월 상반기', '2월 하반기' 등 일정하지 않은 시간 단위의 데이터를 사용하면 추세선이 왜곡된 형태로 나타난다.

추세선을 그릴 때는 추세선의 '정확도' 역시 신경 써야 한다. 엑셀에서는 '추세선 그리기'를 선택하면 정확도에 상관없이 일단 가능한 형태로 추세선을 그려준다. 엑셀의 자동 기능은 기능을 실행해서 혼자 이것저것 확인해볼 수 있다는 면에서는 좋지만, '그 결과를 사용해도 좋다'고 허가해주는 것은 아니다. 그럼에도 추세선을 그려보는 이유는 추세선에 절대적인 사용 가능 여부를 판단할 수 있는 척도가 없기 때문이다. 다만 참고할 수 있는 기준은 있다. 보통 결정계수라고 하며, 주로 사용되는 값은 'R-제곱 (R^2)'이다(그림 최하단에 있는 체크박스).

R-제곱은 0과 1 사이의 값으로, 추세로 그린 선과 실젯값이 얼마나 비슷한지를 측정한 값이다. 1에 가까울수록 비슷한 값이고, 0으로 갈수록 두 값의 차이가 커진다. R-제곱이 얼마 이상이어야 사용 가능하다는 규칙은 없다. 도메인이나 데이터 상태에 따라 상대적이다. 그러나 최소한 다른 것과의 비교라든가, 0.1도 안 되는 것은 신뢰도가 많이 낮을 것 같다는 판단 정도는 할 수 있다.

'엑셀에서 클릭하니까 나왔는데, 다들 쓰는데'라고 하면, '모르면 그럴 수도 있지'라고는 이해할 수 있다. 하지만 그렇다고 해서 그 결과가 용인되지는 않는다. 어쩌겠는가? 엑셀은 도구일 뿐이다. 심지어 엑셀은 요즘에는 흔한 '인공지능'도 아닌, 사람이 시키면 시키는 대로 일하는 단순한 도구일 뿐이다. 그저 기능이 좀 많을 뿐이다. 그래서 엑셀을 사용한 결과에 잘못이 있다면, 그 책임은 기능을 제대로 이해하지 못하고, 예쁘고 쉽다고 직감(혹은 의도적)으로 사용한 사람에게 있다. 아무리 많이들 쓰는 것이라고 해도, 그것이 변명은 되지 못할 것이다.

시계열 데이터
나는 내일, 어제의 데이터와 만난다

8화

출근길부터 요란하구만

이... 이렇게

많이 줄 필요는... 없는데......?

갑자기 엄청난 초콜릿 바구니가 생겨버렸다.

혼자 먹기엔 너무 많은데······

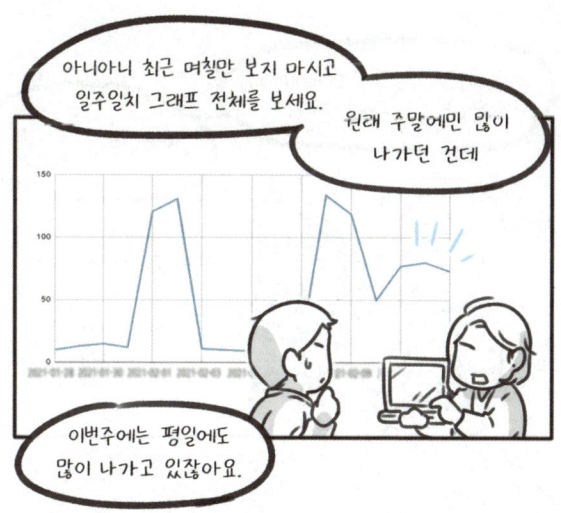

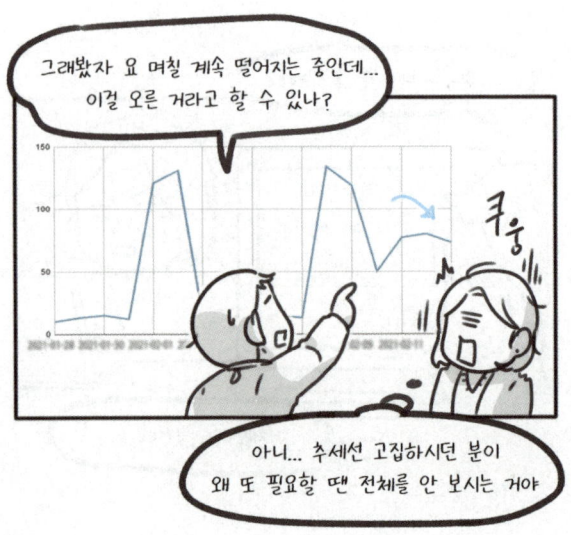

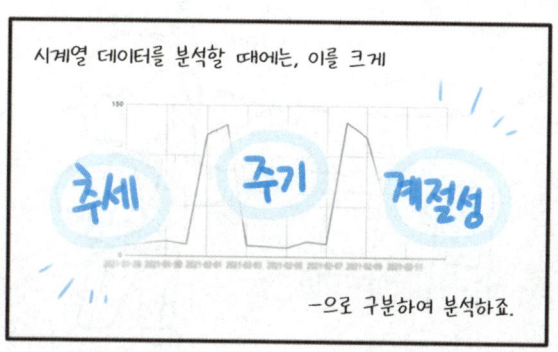

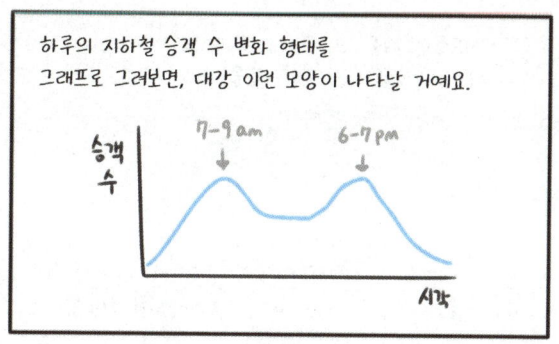

그리고 이 모양은 '24시간'이라는 일정한 시간 단위로,
월~금이 비슷한 형태로 반복되겠죠.

| MON | TUE | WED | THU | FRI |

공휴일 등 특별한 경우가 아니라면요.

오늘 보여드렸던 제품 C의 판매량 그래프도,
일주일이라는 고정된 시간 단위로 봤을 때

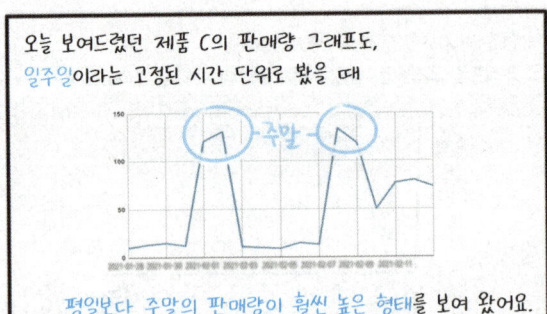

평일보다 주말의 판매량이 훨씬 높은 형태를 보여 왔어요.

8화 시계열 데이터 : 나는 내일, 어제의 데이터와 만난다

시계열 데이터
나는 내일, 어제의 데이터와 만난다

세상은 시간과 함께 돌아간다. 개인의 삶도 마찬가지다. 아침에 일어나고, 점심에는 점심밥을 먹고, 밤에는 잠을 잔다. 근로자는 주중에 일을 하고 주말에 쉰다거나, 이틀 일하고 하루 쉰다거나, 매주 월요일에 쉰다거나 하는 일별 패턴에 따라 일을 한다. 설과 추석 연휴에는 보통 많은 사람이 고향에 간다. 새해에는 신년회를 하고 연말에는 송년회를 한다. 생일은 매년 돌아오고, 올림픽은 4년에 한 번 돌아온다. 삶은 시간과 함께 가고, 그 안에서 어떤 '주기'를 갖는다.

이런 주기는 각각의 개인과 연관되어 일어나는 모든 곳(식당, TV 시청 서비스, 대중교통, 커피숍, 메신저 등)에도 영향을 미친다. 설과 추석 연휴에는 선물세트가 많이 팔리고, 휴일에는 TV 시청률이 올라가며, 아침 8~10시와 저녁 6~8시 사이에는 대중교통에 사람이 많다.

기업에서 이런 사실을 확인하는 것은 데이터다. 데이터양이나 데이터를 집계해서 나온 숫자가 시각에 따라 달라지는 것도 당연하다. **데이터는 사건들을 하나하나 기록으로 남기는 것이므로, 고객의 행동 변화에 영향을 받고, 고객의 행동은 시간에 영향을 받는다. 그래서 데이터를 볼 때는 당연히 시간에 따른 변화를 고려해야 한다.**

시간에 따른 변화를 데이터로 나타내는 것을 보통 '시계열 데이터'라고 하고, **시계열 데이터를 분석할 때는 크게 데이터를 '추세', '주기', '계절성'으로 구분**한다. '추세'는 장기적으로 늘어나거나 줄어드는 형태로, 추세선으로 표현할 수 있다(6화 참고). '주가가 오르고 있다', '시청률이 상승하고 있다'라고 말할 때 늘 주가나 시청률이 선형으로 일정하게 오르지는 않는다. 가끔은 조금 떨어질 수도 있고, 가끔은 어제와 같을 수도 있다. 하지만 추세상으로는 '오르고 있다'고 나타나더라도 이상하지 않다.

주기는 고정된 시간 단위로 유사한 변동 형태가 나타나는 것을 말한다. 주중에는 일별로 시간대에 따라 동일한 구간의 지하철 탑승객 수의 변화 형태는 유사할 것이다. 평일이라면 아침 7~9시에는 가끔 지하철에 사람이 너무 많아서 한 대 보내고 그다음 차를 타기도 하고, 오후 2~3시쯤에는 앉아서 갈 확률이 조금 높다가, 저녁 6~7시에는 다시 떠밀려서 지하철에 오른다.

▲ 2015년 평일 시간대별 서울지하철 9호선 사용자 비율

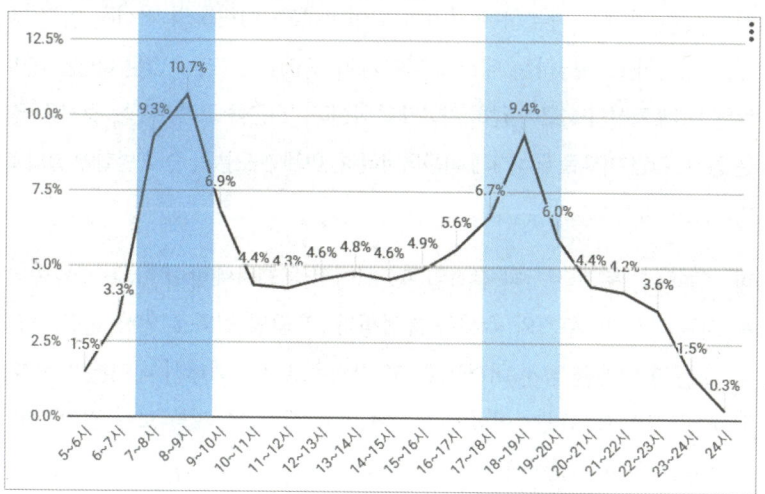

출처 : 2016년 2월 15일 매일건설신문

계절성은 주기적으로 반복되는 때에 어떤 사건이 발생하는 것을 말한다. 주기와 비슷하지만, 주기가 형태를 의미한다면 계절성은 빈도에 가깝다.

4년에 한 번씩 월드컵이 열릴 즈음 TV 판매량이 갑자기 증가하고, 매년 빼빼로데이 즈음 빼빼로 및 막대과자류 판매량이 증가한다.

다들 이런 사실을 암암리에 알고 있다. '요즘 어디 주식이 오르는 추세라며?', '그거 지난주까지 계속 잘 팔리다가 이번 주에 추세가 좀 꺾인 듯?', '곧 화이트데이가 지나니 사탕이랑 초콜릿 할인 판매하겠네'같이 시계열 데이터에 대해 자연스럽게 이야기한다. 하지만 사람은 알고 있는 지식을 항상 모두 사용하지 않는다. 특히 무언가에 대해 강한 감정을 가지고 있는 상태라면, 이 사이에 지식과 논리가 들어갈 자리는 매우 좁고, 그러다 보니 이에 대한 해석은 다분히 주관적이 되어버리고, 머릿속의 지식은 이를 제대로 해석하고 설명하는 데까지 나아가지 못한다. 그래서 **많은 사람은 데이터를 볼 때 자신의 사고에 갇혀 시야가 좁아진다. '시간을 고려한다'는 것 역시 많은 경우, 이런 이유로 무심하게 파묻어버리며, 어제와 오늘의 숫자 변화에 일희일비하고는 한다.**

하지만 그 기분은 자신의 감정일 뿐, 데이터의 희로애락이 아니다. 데이터는 시간과 함께, 주기와 추세와 계절성과 그 외의 변화로 인해 울고 웃는다. 조급한 마음을 잠시 내려두고, 지식의 돋보기를 꺼내서 데이터를 좀 더 길게 본다면, 데이터가 어떻게 시간과 함께 흘러가는지를 보는 것이 그리 어려운 일은 아닐 것이다.

별점의 함정
나의 3점과 당신의 3점은 다르다

9화

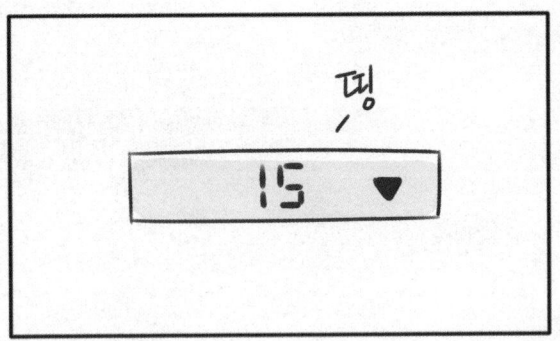

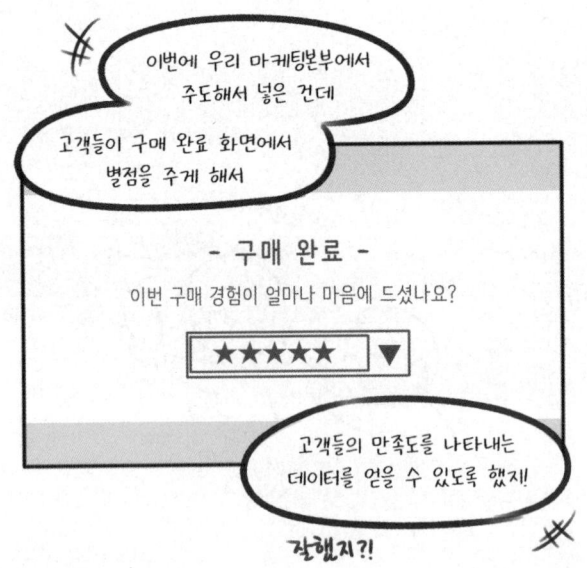

여기 커피가
맛있어서일 수도 있고,

자기가 다니는 회사와
가까워서일 수도 있고,

분위기가 맘에 들어서일
수도 있겠죠.

그렇지만 카페의 커피 매출 데이터만 봐서는
이런 고객들의 의도나 만족도를 알 수 없어요.

이런 간단한 만족도 조사도 마찬가지로,
사람들의 별점이 사람들의 만족도를 정확히 나타내주진 않아요.

우리만 해도, 아까 그 식당에 같은 점수를 줬지만 만족도는 달랐죠.

별점의 함정
나의 3점과 당신의 3점은 다르다

일반적으로 사용되는 데이터는 기록 주체에 따라 크게 두 가지로 분류할 수 있다. 하나는 사람이 앱 화면을 넘기거나 인터넷 쇼핑몰에서 쇼핑을 할 때 기록되는 행동 데이터나 구매 데이터 등 서비스 내의 프로그램이 남기는 데이터고, 다른 하나는 사용자가 직접 입력하는 생년월일, 전화번호, 영화 평점 같은 데이터다(텍스트나 이미지 같은 비정형 데이터도 같이 다루자면 좀 더 복잡할 수 있으나, 이 글에서는 고전적으로 사용되는 정형 데이터만 다뤘기 때문에 여기서는 논외로 한다).

사람들이 무엇을 하는지는 알 수 있지만, 사람들이 왜 그 행동을 하는지, 그리고 그렇게 한 후에 만족했는지는 알 수 없다. 물론 데이터를 사용해서 이를 '추정'할 수는 있으나, 사실 사람들의 의도와 만족 정도는 서비스 차원에서는 의외로 중요하지 않다. 사람들이 특정 카페의 커피를 마시는 이유는 잠을 깨고 싶어서일 수도 있고, 커피 향이 좋아서일 수도 있으며, 카페 음악이 좋아서일 수도 있으며, 지나가다 보여서일 수도 있다. 하지만 그 카페에서는 그 의도와 상관없이 커피를 얼마나 많이 팔았고 어떤 커피가 많이 팔렸으며, 이 고객이 얼마나 자주 오는지 의미가 있다. 그 카페의 커피 맛을 정말 좋아하던 한 사람이 이사를 가서 그 카페에 올 수 없게 되었다면, 그 고객의 호감도와 상관없이 더 이상 해당 카페의 고객이 아니다. 직접적으로 보이지 않고 쓰이지 않는 것을 억지로 분석 영역에 넣으려고 시도하다 보면 결국 어딘가는 어긋나기 마련이다.

그럼에도 서비스는 고객을 더 잘 이해할 필요가 있다. 그래서 고객의 반응이나 의견을 듣고 이를 분석하고자 하기도 한다. 실제 인터뷰를 하기도 하고 설문을 하기도 하고 점수를 묻기도 하는 등, 다양한 방법으로 고객의 의견을 수집한다.

각 방법에는 장단점이 있다. 인터뷰나 긴 설문은 상세하고 다양한 관점에서 고객의 생각을 파악할 수 있지만, 한계가 있다. 그래서 여러 사람에게 간단하게라도 반응을 구하고 싶을 때는 '이번 구매 경험이 얼마나 만족스러우셨나요?' 같은 질문 몇 개에 숫자를 1에서 5 사이 중 고르거나, 사용자가 간단히 문장을 직접 기록하는 방식으로 이루어진다.

이렇게 수집한 점수를 기반으로 고객들이 우리 서비스를 얼마나 '좋아하고', '만족하는'지를 이해하려고 한다. 하지만 여기에는 꽤 큰 함정이 있다.

이런 설문조사에서 얻고자 하는 결과는 호감도나 만족도 같은, 정성적인 것에 대한 수치다. 그래서 여기에는 절대적인 기준이 없다. 사람들은 자신의 마음을 1에서 5 사이의 점수로 나타내지만, 동일한 숫자가 동일한 마음을 반영하는 것은 아니다. '이번 구매 경험이 만족스러우셨나요?' 같은, 쇼핑몰 구매 후에 뜨는 질문에 대해서 혹자는 구매 물건만 제대로 받았으면 5점을 줄 것이고, 혹자는 10% VIP 할인을 받은 게 마음에 들어서 5점을 줄 것이다. 어떤 사람은 습관적으로 5점을 주고, 누군가는 정말로 자신이 해본 모든 구매 중에 가장 완벽한 구매였기 때문에 처음으로 5점을 주는 사람도 있을 것이다.

이렇게 같은 점수라고 해도 그 안에 들어있는 뉘앙스는 모두 다르다. 지금은 물론이고 아마도 앞으로도 영원히 데이터 분석가는 숫자를 보고 각 사용자 ID에 해당하는 사람의 마음을 꿰뚫어볼 수 있는 능력을 갖지는 못할 것이다. 그래서 우리는 이 숫자를 제대로 활용하기 어렵다. 그저 이렇게 모이는 숫자가 매일매일 굉장히 많고, 신규 사용자가 갑자기 늘었거나 특정 프로모션이 생기는 등 서비스에 여러 변화가 생기지 않았다는 전제하에, 건당 평균 점수가 크게 바뀌는 경우 사용자 만족 정도가 달라지지 않을까 추정하는 정도다.

설문지가 매우 긴 경우라면 응답 데이터의 정규화* 등의 방법으로 각 사용자의 점수 분포를 동일한 형태로 조절해서 해당 사용자가 정말로 5점만 주는 사람인지, 이 5점이 정말 특별한 경우인지를 추정하기도 한다.

▲ 원시 데이터를 정규화로 변경한 형태

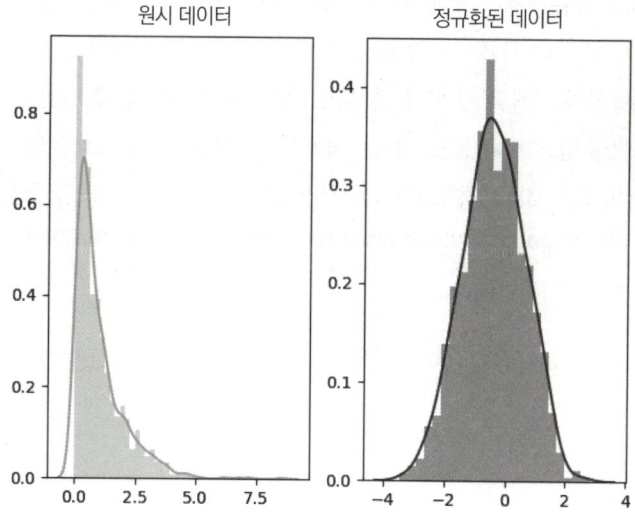

* normalization. 데이터의 평균을 0으로 한 후 평균에서 어느 정도 떨어졌는지를 분포화해서 나타냄

하지만 이를 사용하려면 설문 문항이 많아야 하고, 한 두 문항의 설문에 적용할 수는 없다. 그래서 이런 설문은 간단한 참고자료로 사용할 수는 있지만, 진지하게 사용하지는 않는 경우가 많다.

넷플릭스도 언젠가부터 영화 평점을 별점으로 부여하지 않고 좋음/싫음 정도로만 나타낸다. 이 역시도 상세한 별점이 그다지 유용하지 않음을 알게 됐기 때문이리라. 물론 모두가 만점을 주는 영화는 정말 훌륭한 영화겠지만, 이는 모두가 '좋음'으로 표시한 영화와 큰 차이가 없다. 점점 사용자들이 직접 매긴 점수는 크게 사용하지 않는 추이고, 별점은 식당과 상담원과 서비스 제공자가 고객에게 매달리는 용도로만 사용된다. 많은 서비스에서는 이미 이런 사용자가 주는 점수 대신 '사용자들이 다시 보는 프로그램', '재방문자', '배달 시간' 같은 실제 사용자들의 행동을 확인한다. 사람들의 '마음'을 알고자 하는 것도 결국은 서비스를 사람들이 다시, 오래 사용하게 하려는 목적이라는 것을 생각해보면, 데이터가 관심법은 펼치지 못해도 결국 목적으로 가는 길을 이끌어주고 있는 것이다. 다만 그 목적에 더 근접하게 데이터를 사용하는 것은 결국 사람의 몫이다.

인구통계학 정보의 효용성
이 광고는 30대의 여성을 대상으로
타기팅했습니다?

10화

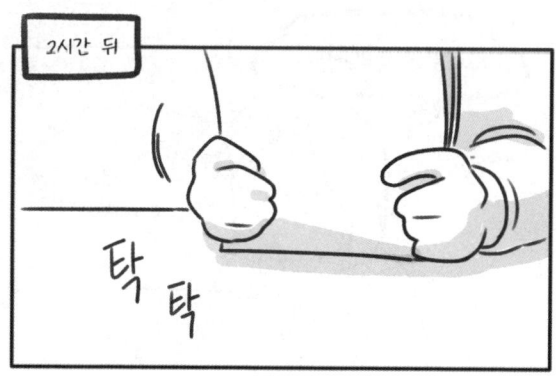

*GA: Google Analytics.
구글에서 제공하는 웹사이트 트래픽 분석 도구

*페르소나: 어떤 제품 혹은 서비스를 사용할 만한 사용자 유형을 대표하는 가상의 인물

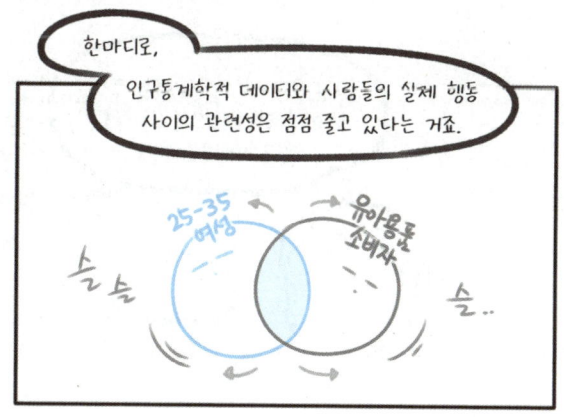

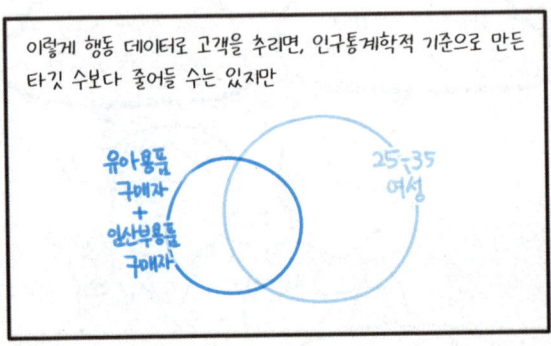

인구통계학 정보의 효용성
이 광고는 30대의 여성을 대상으로 타기팅했습니다?

서비스나 UX 기획에 사용되는 기법 중 '페르소나' 방법론이 있다. 가상의 고객을 구체적으로 정의하고, 이 고객이 서비스를 어떤 필요에 의해서 어떤 식으로 사용할지를 구체적으로 그려보는 방식으로, 기획자가 본인의 의지를 개입할 여지를 줄이고 고객의 의도를 더 잘 이해할 수 있도록 하는 장점이 있어 여러 곳에서 많이 사용되고 있다.

굳이 방법론까지 가지 않더라도, 많은 사람의 머릿속에는 본인이 몸담고 있는 일의 고객에 대한 페르소나가 있다. 다만 그 페르소나는 구체적으로 행동하는 고객이 아닌 나이, 성별, 지역 등의 인구통계학 정보만 가지고 있는 페르소나라는 것이 조금 문제다.

많은 기획과 마케팅, 영업 분야에서는 타기팅 광고를 만들거나 기능을 만들 때, 페르소나의 인구통계에 의존해서 잠재고객을 정의한다. 실제 고객이 어떤 분포로 있고, 이들이 실제로 무엇을 하는지, 혹여 어떤 프로모션을 한 경우 그 결과가 어땠으며 그 원인은 무엇인지를 파악해서 실제 고객의 모습을 데이터로 만들어가기보다, 머릿속의 인구통계학 정보를 더 중요하게 여긴다.

예를 들어 어떤 생활용품 브랜드에서 새로운 유아용품을 출시하려고 한다고 해보자. 이 브랜드는 출산을 많이 할 것 같은 연령대인 25~35세의 여성 중 중산층 정도의 경제 조건을 가진 사람들을 제품 사용자의 '페르소나'로 정한다. 해당 조건으로 여러 광고 플랫폼을 통해 사용자를 타기팅하면서 광고를 노출할 것이고, 조건에 맞는 사람들을 대상으로 제품 판촉 및 프로모션을 할 것이다.

이런 전략은 많은 서비스 기획 및 운영에 뿌리 깊이 배어 있다. 인구통계학 정보는 간단하고 모두가 이해하기 쉬워서 어디에나 잘 통용되어 왔다. 그러다 보니 과거에는 이를 사용한 전략이 그럭저럭 유효했고, 인구통계학적 페르소나를 굳이 깰 필요가 없었다. 하지만 오늘날 많은 서비스는 온라인 상에서 이루어지고, 그 위에서 활동하는 소비자들은 자신들이 무엇에 관심을 가지고 있고 무엇을 하고 싶어 하는지에 대한 데이터를 끊임없이 흘리고 있다. 현대의 마케터나 UX디자이너, 기획자에게는 이전과 달리 잠재고객의 마음을 읽고 적절하게 접근할 수 있는 기회가 거대하게 열려 있다. 하지만 많은 사람이 기존의 손쉬운 인구통계학적 페르소나에 갇혀, 많은 기회를 흘려보내고 있다.

물론 인구통계학 기준에 맞춰 타기팅을 하고 제품을 만들어도 어느 정도의 결과가 나오기는 할 것이다. 기존에도 그래왔으니 아마도 앞으로도 어느 정도는 보장될 것이다. 하지만 '어느 정도 보장된' 방법은 절대 최적의 해법이 되지 못한다. 특정 연령대, 성별로 정의된 페르소나 범위는 매우 넓고, 그 범위를 보면서 '이만큼의 고객이 우리 미래의 고객이야'라는 꿈에 젖기도 한다. 하지만 사람은 그 안에서도 수많은 다양성을 갖고, 이 다양성의 범위는 점점 넓어지고 있다. 빠르고 다양하게 변화하는 현대 사회에서 사람들의 인구통계학적 경계는 시간이 지날수록 옅어진다.

행동 데이터로 고객을 추리면 이 유아용품 브랜드의 예상 타깃 수는 처음의 연령 기준으로 만든 타깃 수보다 줄어들 가능성이 높다. 데이터가 어쩌다 남지 않았다거나, 아직 행동을 하지 않은 진정한 '예상 고객'은 알 수 없다. 하지만 여러 행동을 통해 유아용 제품을 사용할 것이라는 의도를 명확하게 드러낸 사람들만 타기팅함으로써 이 고객 수치에 대한 타기팅 직중도는 높아진다. 또한 이 브랜드는 자녀를 위한 제품을 찾고 있는 다른 연령대의 여성이나 남성도 타기팅할 수 있게 되면서, 인구통계학 정보만 사용했을 때 무시되는 잠재고객을 더 명확하게 찾아낼 수 있다. 말레이시아의 2017년 유튜브 통계에서 육아 주제 동영상의 시청자 중 40%가 남성이고 50%가 35세 이상이었다는 사실이 밝혀졌다.* 인구통계만을 이용해서 광고를 진행한 브랜드라면 최소 40%의 잠재고객을 놓치고 있을지도 모른다.

현대 사회는 이전보다 복잡하고, 아마도 앞으로 더욱더 복잡해질 것이고, 고객은 그만큼 자신에게 더 적합한 제품과 서비스를 찾을 것이고, 점점 더 자신에게 '잘 맞는' 광고나 정보가 아니면 돌아보지 않을 것이다. 그만큼 고객을 제대로 특정해서 활용하는 것이 중요해지고 있다.

이런 시대일수록 자연히 주어지는 숫자보다는 실제로 고객이 매일마다 움직이는 행동 데이터를 기반으로 고객을 이해하는 것이 더욱 필요하다. 기존에는 의지할 수 있는 것이 몇 안 되는 외부 통계 자료뿐이었기 때문에 '사람'을 정의하는 데 성별, 나이, 사는 지역 같은 정보를 사용할 수밖에 없었다. 하지만 이제 다양한 데이터를 사용할 수 있고, 이를 깊이 있게 살펴보면 우리가 보고자 하는 사람이 무엇을 해왔는지 더 충분히 이해할 수 있다. 데이터를 잘 사용한다면 굳이 고정관념과 뭉뚱그려진 외부 정보만을 근거로 명확하지 않은 형체의 고객을 만들지 않아도 될 것이다.

---

* bit.ly/3hqlzYb

조건부 확률
그 식당이 맛집일 확률을 찾아서

11화

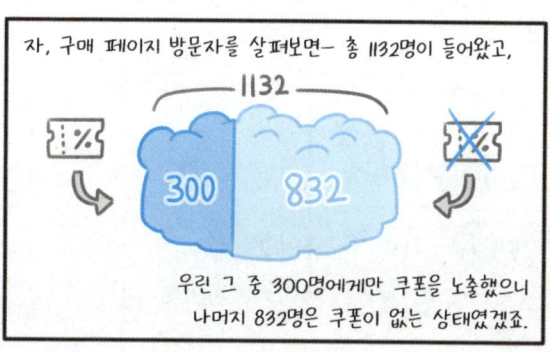

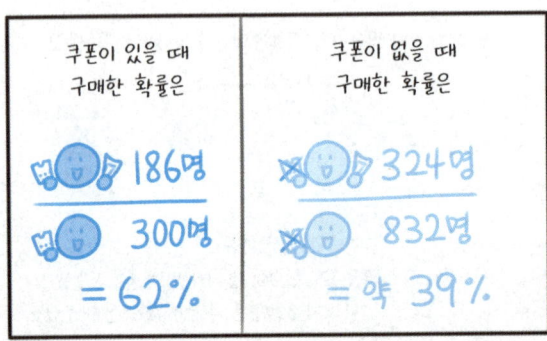

11화 조건부 확률 : 그 식당이 맛집일 확률을 찾아서

조건부 확률
그 식당이 맛집일 확률을 찾아서

'조건에 따라 결과에 대한 기대가 달라진다'라는 것은 '양치기 소년' 일화가 전해져 오던 옛날부터 사람들에게는 익숙한 이야기다. 현재까지도 일상에서 '여러 조건에 따라 결과에 대한 기댓값이 달라지는' 경우를 수시로 접한다. 모임에서 저녁 먹을 장소를 정할 때, 평소 점심 메뉴도 잘 고르지 못하는 사람이 고르는 식당에 대한 기대치와, 평소 맛집 정보에 능한 사람이 고르는 식당에 대한 기대치는 판이하게 다를 것이다. 또한 맛집 정보에 능한 사람이라고 하더라도 그 사람이 한식집을 고르는지, 양식집을 고르는지 등 그 사람의 기존 성향에 따라 또 기대치가 다를 것이다.

이렇게 경우에 따라 결과의 기댓값이 달라지는 것을 '조건부 확률'이라고 부른다. 즉 어떤 배경 상황이 Y(평소 맛집을 많이 아는 친구가 식당을 추천하는 경우)일 때 X(식당에 만족하는 경우)가 일어날 확률을 구하는 것이다. 우리는 이런 조건부 확률 계산을 암암리에 일상적으로 하고 있어, '조건부 확률'이라고 따로 정의하고 그것이 얼마나 될지를 생각해본 일은 많지 않을 것이다. 하지만 이에 대해서 이미 잘 정의된 계산식이 있다.

조건부 확률을 구하는 방법을 발견한 것은 18세기 영국의 성직자인 베이즈$^{Thomas\ Bayes}$다. 베이즈의 정리를 공식으로 나타내면 대략 다음과 같다.

> P(가설|증거) = P(증거|가설)P(가설) / P(증거)
> (P(X) : X가 일어날 확률, P(X|Y) : Y가 일어났을 때 X가 일어날 확률)

공식이 들어가면 다소 복잡해 보일 수 있지만, 이야기로 풀어보면 그다지 어려운 이야기는 아니다.

> P(증거) : 친구가 식당을 추천할 확률
> P(가설) : 식당이 맛있을 확률
> P(증거|가설) : 식당이 맛있을 때 그 식당이 친구가 추천한 곳일 확률
> P(가설|증거) : 친구가 추천했을 때 그 식당이 맛있을 경우

예를 들어 동네에 식당이 10개가 있고, 그중 2곳이 맛집이라고 가정하자. 그리고 친구가 맛집 중에서는 보통 75% 정도의 확률로 맛집을 추천하고, 맛없는 식당 중에서는 10% 정도의 확률로 추천하는 경우가 있다고 해보자.

그렇다면 여기서 **친구가 추천할 가능성이 있는 식당**은 다음과 같다.

> 실제 맛집 중에 친구가 추천함 : 2개 X 75% = 1.5
> 맛없는 집 중 친구가 추천함 : (10-2) X10% = 0.8
> 친구가 추천할 식당의 총 수 : 1.5 + 0.8 = 2.3 (23%)

이때 2.3개 중 맛집은 1.5개이므로 **친구가 추천하는 식당이 실제 맛집일 확률**은 1.5/2.3 = 약 65%다.

이를 베이즈 식으로 풀어서 쓰면 다음과 같다.

> P(증거) : 친구가 식당을 추천할 확률 = 23%
> P(가설) : 식당이 맛있을 확률 = 20%
> P(증거|가설) : 식당이 맛있을 때 그 식당이 친구가 추천한 곳일 확률 = 75%
>
> P(가설|증거) : 친구가 추천했을 때 그 식당이 맛있을 경우
>
> = P(증거|가설) X P(가설) / P(증거)
> = (75%) X (20%) / (23%)
> = 65%

위의 세 가지를 대략 추정할 수 있다면 친구가 추천하는 식당이 맛집일지를 미리 추정할 수 있다. 그리고 이를 통해 친구의 추천을 믿는 것이 나을지, 피해 가는 것이 나을지를 판단할 수 있다. 이를 역으로 생각하면 친구가 추천하지 않는 식당이 맛있을 확률 역시 구할 수 있으며, 친구의 취향을 좀 더 세분화해서 양식집일 경우와 한식집일 경우에 대해서 다른 확률을 가진다는 것도 구해볼 수 있다. 또한 친구와 친하게 지내며 맛집을 더 많이 추천받고 경험하면서, 친구의 추천 식당 적중률을 갱신해서 구해볼 수도 있다.

물론 누구도 자신의 삶 대부분의 사건에 대한 정확한 확률을 가지고 있지 않다. 양치기 소년에 대한 신뢰도가 늘 0과 1이었던 것도 아니었다. 맛집에 능한 친구가 각 식당을 추천했을 때 나의 만족도를 정확하게 수치화한 적도 없을 것이고, 그냥 '괜찮다', '여긴 별로인데' 정도의 지식 정도다. 그래서 이는 데이터가 아니라고 생각하고, 숫자를 접할 때는 그 숫자만 봐야

한다고 생각한다. 숫자는 숫자 자체로만 생각하고 완전히 객관적이어야 한다고 생각한다.

하지만 세상에 절대적으로 옳은 것, 변화하지 않는 것이 얼마나 될까? 과거가 없는 현재는 없고, 데이터 분석이란 과거의 기록을 사용해서 현재를 이해하는 작업이다. 그리고 현재는 다양한 과거에 의한 결과이고, 유사한 모양의 현재라고 하더라도 변화의 양과 방향은 같지 않아, 현재라는 평면 아래 감춰진 입체적 모습은 각기 다른 형태를 띤다. 이를 고려하지 않고 현재의 숫자를 과도하게 객관화해서 사용하면 오히려 잘못된 결정을 내릴 수 있고, 이런 일이 반복되다 보면 데이터가 쓸모없는 것일지도 모른다는 오해를 불러일으키기도 한다. 각각의 데이터로 그려진 사진 뒤에는 많은 사건이 함축되어 있고, 이를 더 제대로, 천천히 바라본다면 각 사진에서 더 흥미로운 형상이 떠오를 것이다. 그리고 이런 형태는 분명 유용하고 멋질 것이다.

범위 제한을 통한 정확도 향상
늘 옳은 말만 하는 법

12화

그냥... 없다고 생각하자구요.
안마의자 위에서 부장님이랑
눈 마주칠 바에야

흑흑 네... ㅠㅠ

며칠 뒤

목이 끊어질
것 같다

불타는
승모근

쿠웅..

잠을 잘못 잤나
아니면 일을 너무 많...
아냐 그 정도로 많이
한 것 같진 않은데

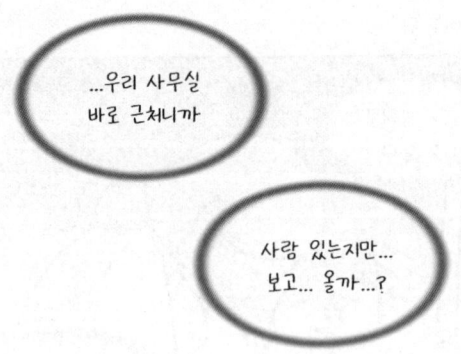

잠시 후

아니 왜 힐링실에서 업무 얘기를 하고 있는 거야!!

안마 좀 받을랬더니

야 너두..?!

범위 제한을 통한 정확도 향상
늘 옳은 말만 하는 법

일하다 보면 'A 프로그램의 시청자는 40대 여성일 것이다' 같은 말을 쉽게 들을 수 있다. 어디 일할 때뿐일까? 집에서도 "너는 평생 설거지를 안 해" 같은 말을 쉽게 내뱉는다. "그저께는 내가 설거지했는데"라는 반박에 "어쩌다 한 번 했나 보다"라고 대답하고, 이는 결국 싸움으로 이어진다.

이런 경우는 주변에서 왕왕 찾아볼 수 있다. '사람들은 포괄적인 서술을 하는 경향이 있기 때문이다'. 이 말도 포괄적 서술이다. 이 문장은 '내가 아는 모든 사람은 포괄적 진술을 말하는 경향이 있고, 그래서 아마 다른 많은 사람도 포괄적인 서술을 하는 경향이 있다고 생각된다'라는 의미로 사용한 것이다. "너는 평생 설거지를 안 해"라는 말 역시 "너는 우리가 각자 설거지를 하기로 한 것보다 훨씬 적게 하고 있어서, 아예 안 하는 것처럼 생각되기도 해"라는 의미였을 것이다. 이 말에는 아마도 다른 방식의 반박이 이어질 것이고, 혹은 반박 대신 사과나 무난한 대화가 이어질 수도 있다. 이는 범위를 '내가 아는', 혹은 '내 생각'으로 축소하였기 때문이다. 이렇게 좁아진 범위에서의 서술은 포괄적 서술에 비해 정확도가 훨씬 높아진다.

싸우거나 대화에서의 주장이 아닌, 협의를 통해 결론을 내야 하는 업무에서는 어떨까? 'A 프로그램의 시청자는 40대 여성일 것이다'라는 명제는 타인이 반박을 할 수도 없이, 그냥 받아들여야 한다. 하지만 A 프로그램의 시청자 중 40대 여성이 아닌 사람이 한 명이라도 나온다면, 이 말은 사실이 아니다.

'2021년 5월 한 달간 A 프로그램의 시청자 데이터 조사 결과 40대 여성의 비중이 35%로 가장 높았다'라고 범위를 좁히고 서술을 명확히 한다면 이 말의 정확도는 훨씬 높아진다. 다만 범위를 좁히고 서술을 상세히 한 문장은 쓰는 사람만큼이나 읽는 사람에게도 잘 와닿지 않는다. 이 말은 싸움을 일으키지는 않으나, 내용 자체가 잘 전달되지 않을 수 있다. 세상에는 수많은 정보가 쏟아지고, 일은 늘 머리가 아프며, 사람들은 늘 지쳐있다. 하루에 받아들일 수 있는 정보량에는 한계가 생기고, 더 단순명료한 정보에 눈이 간다. 그래서 많은 정보는 사람들의 선택을 받기 위해 여기저기 가지치기되어 눈에 잘 띄게 다듬어진다. 이 과정에서 숫자와 범위는 잘려나가고, 더 포괄적으로 쓰일 수 있는 넓은 범용성을 가진 지식이 된다. 그렇게 정확성과 범용성을 맞바꾼 지식은 범용성의 날개를 달고, 사라진 범위를 넘어서는 곳까지 멀리멀리 퍼져나간다.

데이터 분석을 비즈니스에서 사용하는 대표적인 용도는 '의사 결정의 근거'를 만드는 것이고, 결국 그 근거로 '의사 결정자'들을 설득해야 하는 것이다. 하지만 데이터 분석에 사용된 과정은 복잡하고, 숫자는 머리가 아프며, 확률과 기간으로 표현되는 데이터 분석의 범위는 무겁게 느껴진다. 데이터 분석을 통해서 외부에서 보는 것처럼 범용적인 지식을 얻을 것이라고 기대했던 많은 사람은 실망하게 된다. 데이터가 대개 사람의 직관과 다른 사실을 발견할 때 주로 사용되다 보니, 아무리 견고한 데이터 분석 결과를 보여준다고 해도 각자의 직관에 부합하지 않으면 이 결과를 쉽게 받아들이지 못하는 경우가 생긴다.

데이터 분석 결과는 많은 경우 직관과는 거리가 멀다. '직관'은 대부분 어느 정도의 '포괄적 서술' 형태를 띠고 있다. '직관'이란 많은 범위와 전제, 그리고 어느 정도의 결과를 포함하는 형태로, 각자의 '상식'에 기반한다. 그 '상식'은 사람마다 다르지만, '상식'이기 때문에 주변 사람들과 공유하고 있을 것이라고 생각한다. 떡집에서 '콩 하나 팥 하나요'라고 말하면 떡집 사장님은 콩떡 하나와 팥떡 하나를 꺼내준다. '고객이 요청한 것은 떡 제품이고 이를 내어 달라는 의미다'라는 상식을 공유하고 있기 때문이다. 하지만 데이터를 가공해서 분석하는 것은 이렇게 친절하고 직관적인 작업이 아니다.

사람들은 데이터 분석에서도 이런 '콩'이나 '팥' 같은 공통 상식을 사용하고 싶어 한다. 하지만 많은 분석에서는 이는 불가능하다. 데이터를 사용한 지식으로 어떤 결과를 뒷받침하여 설득한다는 것의 기본은 데이터를 수학적 과정을 통해 분석하고 이를 논리적으로 풀어나가는 것이다. 데이터 분석의 근간은 논리고, 논리는 명확한 정의와 범위의 제한으로부터 시작된다. 다들 비슷할 것이라고 착각하지만, 사실 저마다의 '상식'은 다르고, 이런 것을 모호하게 '포괄'한 '보편적인' 것은 데이터 분석에서는 거의 통용되지 않는다. 그러다 보니 데이터 분석 결과는 다소 까다롭고, 각자의 상식과 위반되어 불편하다. 또한 많은 의사 결정에 사용 가능한 시간과 자원은 제한되어 있어, 이를 소화하는 데에까지 노력을 하는 것 역시 피곤한 일이다. 그래서 사람들은 최대한 쉽고 쓰기 편한 근거를 원하고, 이는 보통 '직관'이란 형태로 나타난다. 그러다 보면 데이터 분석 결과를 직관적인 모양, 즉 포괄적 서술 형태로 만들어버린다. 하지만 이것은 사실이 아니고, 그러다 보면 분석 결과가 쓸모없어지고, 저마다 각자의 '상식'만을 사용해서 받아들이며, 괜한 시간과 노력만 들인 채 데이터 분석은 그저 무용지물이 될 것이다.

자전거가 시속 100km로 달릴 수 없고, 강을 건널 수 없다고 해서 자전거를 쓸모없는 탈거리라고 치부하지 않는다. 자전거는 '단거리를 적당한 속도로 가는 데 사용하고, 보관이 쉽다'는 용도를 파악하고 그 한계에 맞춰서 사용한다면 충분히 훌륭한 수단이다. 이는 물건뿐 아니라 지식에서도 통용된다. 데이터를 분석해서 만들어낸 결과 역시 제약사항을 명확히 정의했을 때 효과적인 수단이 된다. 주변의 상황을 확인하고, 가지고 있는 데이터 분석의 제약 사항을 확인하여 이를 맞춰 나갈 때, 제대로 된 데이터 기반 의사 결정을 할 수 있다. 그리고 이를 이해하고 하는 말은 틀리지 않을 것이다.

평균이란 무엇인가?
평균 연봉의 함정

13화

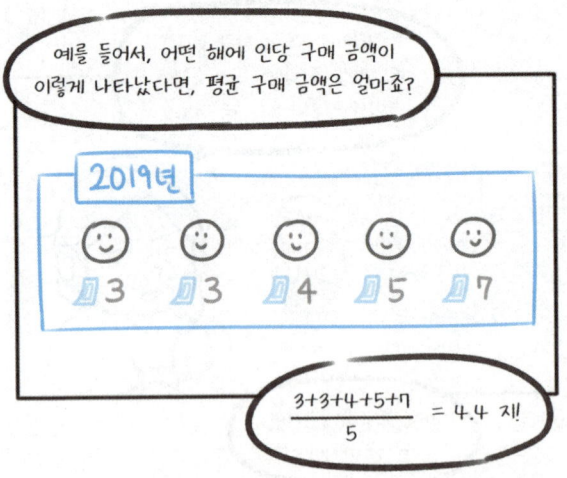

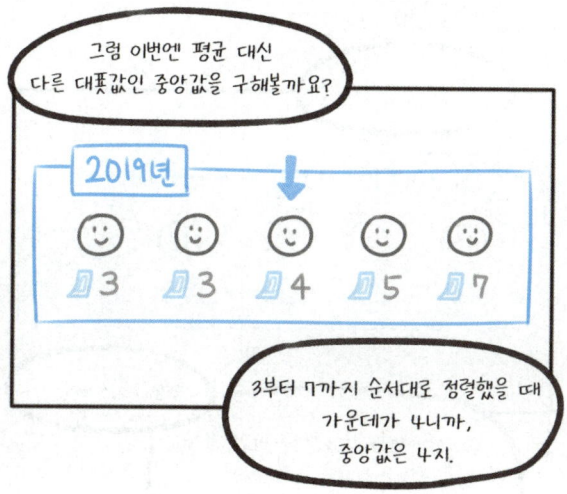

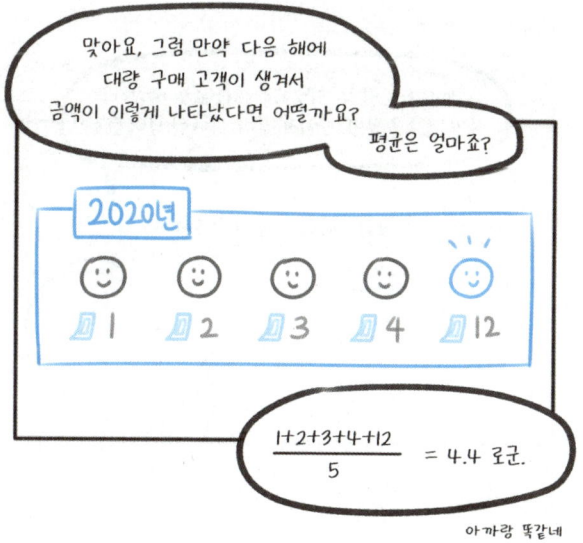

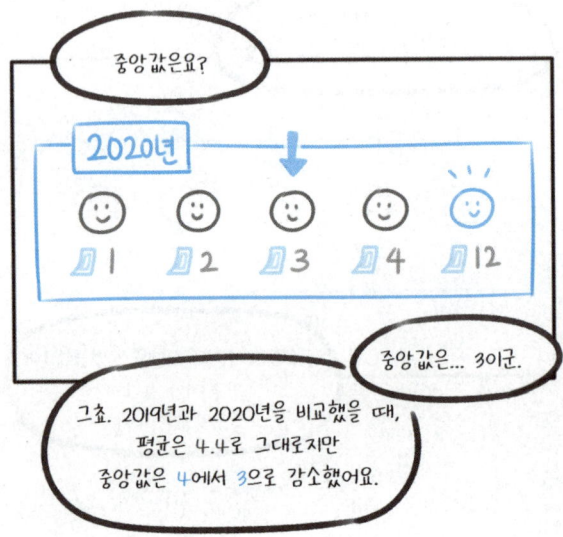

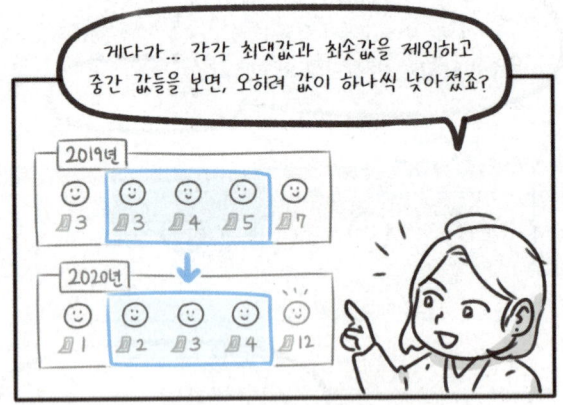

평균이란 무엇인가?
평균 연봉의 함정

종종 신문에서 어느 회사는 평균 연봉이 얼마더라, 하는 기사를 본다. 그리고 내 연봉과 비교해보고 잠시 자괴감에 빠지다가, 마음을 다잡고 생각한다. '저거 다 평균이잖아. 실제는 높은 직급의 사람 몇 명만 몇 억씩 받고 대부분은 저 평균 이하 연봉을 받겠지'.

하지만 이런 사실을 알면서도 입맛이 쓴 것은 어쩔 수 없다.

통계의 가장 기본이자, 어떤 수치 집합을 대표하는 값을 대푯값이라고 한다. 대푯값 중에서도 가장 많이, 널리 사용되는 것이 '평균'이다. 그중에서도 일반적으로 '평균'이라고 이야기하면 보통 전체 집합의 값을 더한 후, 그 집합의 원소 개수로 나누는 '산술평균'을 이야기한다.*

많은 사람은 평균이 어떤 사실도 제대로 설명해주지 못한다는 것을 안다. 평균 연봉이 4,800만 원이라는 회사의 저 숫자는 어쩌면 사장님 급여 10억 원과 나머지 구성원의 2,000만 원의 연봉의 조합에서 나왔고, 그 회사에서 4,800만 원이라는 숫자는 어디에도 존재하지 않을 수도 있다. 이 회사의 사장이라면 '평균 연봉은 4,800만 원이다'라는 평균으로 회사의 연봉 수준을 말하고 싶겠지만, 이 회사에 지원하는 사람이라면 4,800만 원이라는 회사 어디에도 없는 숫자보다 '대부분 사람이 2,000만 원을 받는다'라는 정보가 더 도움이 될 것이다. 하지만 대푯값으로 평균인 4,800만 원을 쓸 수 있고, '평균'이라는 단어가 사람들에게 이미 익숙한데, 굳이 덜 익숙한 최빈값이라는 개념을 일부러 사용해 가면서 2,000만 원을 사용할

---

* 이 이후부터는 산술평균을 '평균'으로 쓴다.

곳은 어디에도 없다.

물론 산술평균을 쓰지 않을 수는 없는 일이다. 수치 집합을 설명할 때 모든 사람이 모든 숫자를 하나하나 다 읽을 수는 없으니 '대푯값'이라는 것이 필요하고, 그 대푯값 중에서 '평균'만큼 오래 접해왔으며 이해하기 쉬운 값이 또 있을까?

대푯값이 진실을 잘 '요약'해주기는 하지만, 모든 진실을 완벽하게 반영하는 것은 아니라는 것을 기억하자. 그림 파일의 용량을 극도로 줄인 후 확대해서 보면 그림이 깨진 것처럼 보인다는 사실을 떠올려보자. 무언가를 요약하면, 그만큼 세부적인 정보는 버려지는 것은 어쩔 수 없다. 그래서 대푯값을 접할 때는, 이 값이 어떤 집합을 대표하고 어떻게 요약된 것인지를 고려해야 한다.

대푯값 중 보통 평균이 가장 많이 사용되고, 그 외에 종종 등장하는 값으로 '중앙값'과 '최빈값'이 있다. 중앙값은 수치 집합의 원소를 작은 순서부터 큰 순서대로 정렬했을 때 가운데에 위치하는 값이다. 평균과 비슷해 보이기도 하지만 실재하는 값이라는 차이가 있다. 최빈값은 수치 집합의 원소 중 가장 많은 원소가 포함된 범위의 값이다.

▲ 다양한 숫자 분포의 예

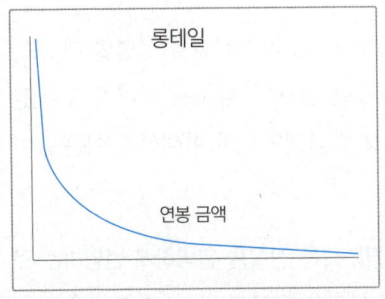

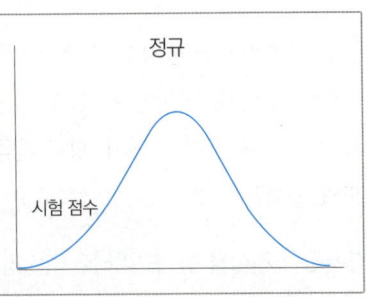

언뜻 생각하기에는 평균값, 중앙값, 최빈값 사이에 별 차이가 없을 것도 같다. 하지만 실제로 앞의 회사 이야기처럼, 평균보다 오히려 최빈값이나 중앙값이 도움이 되는 경우가 있다(위의 연봉 예에서 최빈값이나 중앙값은 모두 2,000만 원이다). 이는 우리가 알고자 하는 수치 집합의 분포에 따라서 달라진다.

대푯값은 수치 집합의 데이터 분포의 중심을 보여주는 값이다. 우리가 어릴 때부터 접해오던 대부분 수치 집합은 위 그림의 오른쪽과 같이, 가운데에 값이 많고 좌우로 고르게 분포된 형태다. 시험 점수 분포가 그랬고, 100m 달리기 기록 분포가 그랬다. 이런 모양의 분포는 '정규분포'라고 부르며, 많은 통계 이론의 전제가 되기도 한다. 일단 이런 분포는 평균과 중앙값과 최빈값이 모두 비슷하기 때문에, 대푯값 사용에 크게 고민할 필요가 없다.

다만 **현실은 정규분포가 아니다**. 실재하는 여러 수치 집합은 정규분포와는 다른, 다양한 형태의 분포를 가진다. 위 그림의 왼쪽 같은, 몇 년 전 '롱테일 경제학'이라는 주제로 유명해진 긴 꼬리 형태의 분포도 자주 볼 수 있다. 앞에서 언급한 회사의 임금 분포는 왼쪽 형태에 가깝다. 낮은 쪽에 대부분의 원소의 값이 몰려있고, 높은 임금에 해당하는 사람은 드물게 있다. 이런 경우 원소들의 값은 넓게 퍼져 있고, 집중도가 낮아, 평균과 최빈값, 중앙값이 모두 다르게 된다.

그래서 우리는 대푯값을 볼 때, 평균만이 아니라 그 분포가 어떻게 생겼는지를 고민해보아야 한다. 현실의 많은 분포는 정규분포의 형태를 띠지 않는다는 것을 염두에 둘 필요가 있다. 평균과 다른 대푯값을 같이 본다든가, 분포의 모양을 추정할 수 있는 간략한 그래프라도 같이 볼 수 있도록 해보자. 그것도 아니라면 평균을 완전히 믿을 필요는 없을 것이다. 그러다 보면 다른 회사의 평균 연봉 이야기를 들어도 기분이 지금보다는 나아지지 않을까?

데이터 문해력
데이터로 읽고 쓰기

14화

일주일이라는 단순한 사이클의 반복을 새삼 느낄 때면

직장인에게 흔히 찾아오는 순간이 있다.

헌타의... 순간.

매일이 똑같으니 시간이 너무 빨리 간다.

맞다 새로운 소원 정했지.

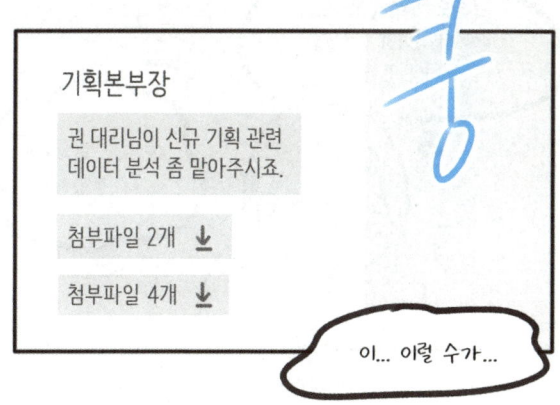

일 적게 하는 톱니바퀴가 되진 못했지만,
그래도 사람들이 데이터를 제대로 쓰려고 하는 걸 보니

나라는 톱니바퀴가 이 안에서
나쁘지 않게 돌아가고 있긴 한가 보다.

세상을 이루고 있는 데이터를
더 많은 사람이 올바르게 이해할 수 있게 되길.

데이터 문해력
데이터로 읽고 쓰기

현대 사회에서 데이터 기반으로 무언가를 하는 것은 너무나도 자연스러운 일이 되었다. 문제를 해결할 때 근거 자료로 데이터를 가지고 와서 이를 기반으로 결론을 내린다. 신문 기사에서도 여러 통계 수치가 빈번하게 등장한다. 조금 과장하자면, 바야흐로 '데이터 시대'가 도래한 것인지도 모른다.

하지만 데이터를 가져다 쓰기만 하면 다일까? 그럴 리 없다. 혹자는 데이터로 사기를 치고, 혹자는 데이터로 약을 팔며, 혹자는 데이터로 아무말을 한다. 이렇게 나온 결과는 실제와 다르거나, 쓰지 않느니만 못하기도 하다. 그리고 현실에는 제대로 된 데이터 기반의 이야기 외에도 협잡과 사기와 아무말이 마구잡이로 뒤엉켜 있고, 우리는 그 안에서 길을 잃고 만다. 그래서 데이터를 잘 활용하는 것만큼이나 현대 사회에서 필요한 능력은 가짜 데이터 결과를 걸러내고, '진짜 데이터'와 '가짜 데이터'를 분별해서, 적절한 의제에 적절한 데이터를 근거로 활용하도록 하는 능력이다. 우리는 이를 '데이터 문해력'이라고 부른다.

'데이터 문해력'은 일반적인 문해력처럼, 데이터를 사용해서 '읽고 쓰고 말하고 듣는' 능력을 뜻한다. 하지만 우리가 정규 교육 과정에서 외국어를 배울 때 '듣기'와 '읽기' 능력을 위주로 배우는 것처럼, 데이터를 직접적으로 사용하지 않는 경우 우리가 습득할 수 있는 '데이터 문해력'이란 데이터를 '읽고 듣는' 능력에 주로 치중되어 있다.

데이터를 '읽고 듣는다'는 것은 어떤 것일까? 무언가 있어 보이는 것처럼 들리지만, 사실 그다지 새삼스러운 것이 없다. 우리가 SNS를 읽고 방송을 듣는 것처럼, 데이터로 읽고 듣는 것도 신문 기사를 읽거나 회사에서 보고서를 살펴볼 때 늘 하는 작업이다.

다만 우리의 언어 사용이 늘 항상 옳을 수 없고, 각자의 이해와 해석이 필요한 것처럼, 누군가가 데이터를 '말하고', '쓴' 것 역시 이해와 해석과 활용이 필요하다. '데이터는 진실만을 말한다'라고 쉽게 들 생각해서 데이터 사용이 오늘날 널리 퍼졌지만, 우리는 이런 명제와 함께 디즈레일리가 말했다고 전해지는 "세상에는 세 가지 종류의 거짓말이 있다. 거짓말과 새빨간 거짓말, 그리고 통계다"라는 문장도 같이 기억해둘 필요가 있다. 데이터를 분석한다는 것은 결국 수를 처리한다는 것이다. 사람들은 숫자에 대해 낭만적 경외감을 가지고 있어, 일단 숫자만 들이대면 더 이상 이를 '이해하고 해석하려고' 하지 않는다. 그렇게 사람들은 통계의 거짓말에 속아 넘어간다.

하지만 이는 아직 데이터로 읽고 듣기에 익숙하지 않아서일 뿐, '숫자를 이해'하는 작업은 그다지 어렵지 않다. 한국인의 대부분은 정규 교육 과정을 어느 정도 이수했으며, 사실 그 정도면 숫자로 나타난 데이터를 잘 받아들이는 데 차고 넘친다. 우리가 모든 데이터 분석 결과를 정밀하게 검사할 필요도 없으며, 그냥 이 자료를 의심해야 하는지만 판단하는 걸로 우선은 충분하다. 나머지 부분은 데이터로 쉽게 '말하고', '쓰는' 전문가가 도울 것이다.

01 **데이터의 출처와 목적을 우선 파악해야 한다.** 그러면 애초에 이 주제에 이 데이터가 말이 되는 것인지를 판별할 수 있다. 우리는 '조사/분석 결과에 따르면'이라는 마법의 앞머리만 보면 맞겠거니 하고 후다닥 넘겨버리기 일쑤지만, 그 조사가 알고 보니 한 개인이 자신의 친지 10명에게 물어본 결과일 수도 있다.

02 데이터에서 누락된 부분은 없는지도 확인한다. 통계 자료만 받아들이면 잘 이해하기 힘들 수 있다. 하지만 이는 의외로 본능적으로 일어나는 질문이기도 하다. '이 책의 주요 구매자는 40대 남성입니다'라고 했을 때, 그러면 다른 인구통계집단은 어떨까, 하는 생각이 드는 것이다. 알고 보면 40대 남성이 40%를 차지하고 30대 여성이 39.7%를 차지해서, 사실 큰 의미가 없는 경우도 비일비재하다.

03 글에 숫자가 들어가면 맞는 말이라고 생각해버리기 쉬운데, 그렇지 않은 경우도 비일비재하다. 그래서 숫자와 상관없이 **그 논리에 허점이 없는지를 확인하는 것도 중요하다.** '백신 접종자 중 다음 날 아픈 사람이 5%다'라고 해서, 백신으로 인해 5%의 환자가 아플 거라고 할 수는 없다. 하지만 사람들은 의도적으로 혹은 의도치 않게 논리를 비틀어서 자신이 원하는 곳에 원하는 데이터를 꽂아넣고는 한다.

데이터로 명확한 현재를 말하고 미래를 확신하기란 어렵다. 데이터 분석은 결국 확률과 통계고, 과거의 사건들이다. 물론 과거의 흔적으로 현재를 이해하고 미래를 바라보는 것이 데이터 분석의 목적이지만, 그렇다고 해도 확률과 신뢰의 문제에서 현재나 미래를 100%로 단언하는 것은 매우 어려운 일이다. **확률은 명확하지 않은 신뢰구간과 함께 오고, 확신이란 정말로 낮은 확률에서나 가능한 이야기며, '높은 확률로' 말할 수 있는 것도 있지만 그렇지 않은 것도 부지기수다.**

데이터를 사용하면 언제나 명확하고 반짝이는 현재와 미래를 쉽게 볼 수 있을 것이라고 믿어서 데이터 산업이 지금껏 발전했는지도 모른다. 하지만 미래는 늘 유동적이며 불확실하고, 현재마저도 예외 사항으로 가득하다. 데이터로 말하는 것은, 어쩌면 무언가를 확신하는 말을 아끼게 되는 것인지도 모른다.

그럼에도 우리는 데이터를 사용한다. 데이터가 완전히 확실한 답을 알려 줄 수는 없고, 이를 잘못 사용하는 사람이 많아서 혼란스러울 수 있지만, 그렇다고 데이터가 없던 시절로 다시는 돌아갈 수 없다. 아주 조금만 더 신경을 쓴다면 우리는 데이터를 더 쉽게 사용할 수 있고, '이 내용은 이런 이유로 이 정도 수준으로 확신할 수 없습니다'라고 확실하게 이야기할 수 있다.

과거에는 좁고 한정된 감각으로 세상을 파악하고 이해했다면, 이제는 데이터를 제대로 읽고 씀으로써 보지 못하고 닿지 않는 것들까지 이해하고, 감각으로만 만들어진 좁은 사고를 더 단단하고 넓게 확장할 수 있게 되었다. 부디, 이 근사한 도구를 모두가 잘 사용할 수 있게 되기를.

 # 통계 용어 미니 사전

- **계절성** : 계절 등 특정 주기에 반복되어 나타나는 특성. 매년 7월 초에 장마로 갑자기 강수량이 늘어난다거나, 월요일 오전이면 우울한 학생 및 직장인이 늘어난다거나 하는 것은 일종의 계절성으로 볼 수 있다.
- **대푯값** : 주어진 집단을 요약해서 나타낼 수 있는 값. 평균, 최빈값, 최댓값 등이 있다.
- **데이터 문해력** : 데이터를 적확하게 사용하여 주장을 하고 받아들이는 것. '데이터 리터러시'라고 영어 그대로 사용하기도 한다. IT 컨설팅 기업 가트너는 데이터의 출처와 구조, 분석방법을 이해하는 것은 물론, 이를 어떻게 활용하고 적용할지를 설명하는 능력을 데이터 문해력으로 정의하고 있다. 데이터 문해력은 다양한 직업군의 사람들이 하나의 목표를 향해 협업하는 일이 많아지고, 다양한 문제에 대해서 데이터를 활용해서 해결 방법을 찾는 경우가 늘어나면서 점점 더 주목받고 있다.
- **모수** : 모집단의 특성을 나타내는 수치
- **모집단** : 측정하거나, 학습하거나, 분석하려고 하는 대상 전체 집단. 모든 원소를 포함한다. 다만 이런 목표 모집단은 매우 커서, 보통 부분집합이 되는 표본을 구한 후 이를 사용해서 모수를 추정한다.
- **모평균** : 모집단의 평균
- **모표준편차** : 모집단의 표준 편차
- **분포** : 확률 분포를 의미한다. 확률 변수가 특정한 값을 가질 확률을 나타내는 함수다. 예를 들어 주사위의 각 눈에 대한 분포는 $f(x) = \frac{1}{6}$ ($1 <= x <= 6$, x는 자연수) 로 나타낼 수 있다.

- **상관관계** : 두 변수 사이에 수학적 관련성이 있어 상호 의존적인 형태를 보일 때, 이를 '상관관계가 존재한다'고 한다.
- **시계열 데이터** : 일정 시간 간격으로 배치된 데이터. 시간별 기온, 일별 방문자 수 등 주변에서 볼 수 있는 많은 데이터는 시계열 데이터로 나타낼 수 있다.
- **실험 설계** : 실험은 잘 설계하는 것이 중요하고, 이를 위해서 '실험계획법'이라는 이론도 나왔다. 실험계획법은 효율적인 실험 방법을 설계하고 결과를 제대로 분석하는 것을 목적으로 하는 통계학의 응용 분야이다. 통계학자이자 농학자인 로널드 피셔가 1920년대에 농업 실험에서 영감을 얻어 발전시켰다. 이후 의학, 공학, 실험 심리학과 사회학에 널리 적용되었고, 오늘날은 마케팅 및 제품 기획 등의 다양한 분야에서 이 이론을 활용하고 있다. 실험계획법은 실험으로부터 유용한 데이터를 얻기 위하여 실험에 영향을 끼치는 어떤 변수들을 선택하여 어떻게 변화시킬 것인가 등에 대한 데이터 설계 및 실험 계획과, 그 실험으로부터 얻어진 데이터 중 실험 오차에 의한 부분과 실제 의미 있는 변화 등을 구분하고 분석하는 데이터 분석 등 여러 방법을 포괄한다. 특히 A/B 테스트처럼 현실에서 실험하는 경우에는 더욱 실험에 영향을 미치는 여러 내외부 요인을 파악하고, 각 요인 간의 관계를 알아보기 위한 실험을 하여 데이터를 확보하고, 이를 분석하여 최적화된 올바른 의사결정의 근거를 마련할 수 있도록 하는 전 과정이 매우 중요하다.
- **인과관계** : 한 변수가 다른 변수의 변화에 영향을 미쳐서, 일종의 '원인과 결과' 형태가 될 때 이를 '인과관계가 존재한다'고 한다.

- **인구통계학** : 성별, 지역, 나이, 국적, 학력 등의 인구학적 기준으로 통계를 내어 연구하는 학문 및 방법
- **인포그래픽** : 정보를 빠르고 분명하게 표현하기 위해 정보, 자료, 지식을 그래픽 시각적으로 표현한 것을 말한다. 복잡한 정보를 빠르고 명확하게 설명해야 하는 기호, 지도, 기술 문서 등에서 사용된다. 차트, 사실박스, 지도, 다이어그램, 흐름도, 로고, 달력, 일러스트레이션 등의 형태로 나타난다.

▲ 젯스타 항공사가 1억 승객을 태우기까지의 사건들을 나타낸 인포그래픽

출처 : www.flickr.com/photos/jetstarairways/8167897207/

- **전환율**: 특정 인터넷 서비스에 방문한 사람 중, 구매, 시청, 게임 플레이 등 해당 서비스에서 유도된 행위를 한 방문자의 비율. 개인 대상 인터넷 서비스에서 많은 경우 중요하게 생각하는 지표 중 하나다.
- **정규화**: 데이터의 평균을 0으로 한 후 평균에서 어느 정도 떨어졌는지를 분포화해서 나타내는 방법으로, 평균이 각기 다른 여러 데이터를 동일한 기준으로 비교하는 데 주로 사용된다.
- **조건부 확률**: 주어진 조건의 발생 여부에 따라 확률이 달라지는 경우. '오늘까지인 일을 다 못 끝냈을 때 팀장님께 보고해야 할 때', '팀장님이 오전 회의에서 칭찬을 받은 경우 보고하는 것'과 '팀장님이 오전 회의에서 혼나고 온 경우 보고하는 것' 각각 팀장님께 안 좋은 말을 들을 확률이 각각 다르다면, 이도 조건부 확률 중 하나다.
- **추세선**: 시계열 데이터에서는 시간을 따라 데이터의 변동이 나타나게 된다. 이러한 변동의 추이를 추세라고 하고, 이것을 선으로 표시한 것을 추세선이라고 한다. 추세선은 다양한 방법을 적용해서 나타나게 되고, 엑셀 및 스프레드시트에서는 다양한 추세 추정 방법을 적용해서 추세선을 자동으로 그릴 수 있다. 추세선이 가장 많이 쓰이는 경우는 주가 예측이다.

▲ 주가 추세선 사례

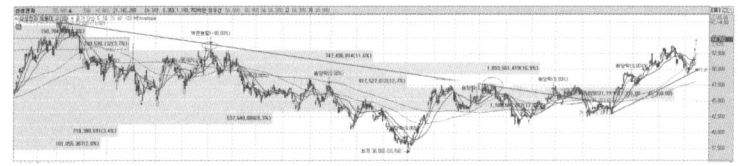

- **큰 수의 법칙** : 큰 모집단에서 무작위로 뽑은 표본의 평균이, 표본이 커지거나 표본 추출 횟수가 많아질수록 전체 모집단의 평균과 가까울 가능성이 높다는 개념으로, 통계와 확률 분야의 기본 개념 중 하나다. 동전을 던지면 앞면이 나오는 경우의 수가 처음에는 들쑥날쑥하지만 나중에는 2분의 1에 근접한다는 것이 큰 수의 법칙의 대표적인 사례. 예전에는 '대수의 법칙'이라고도 불렸다.
- **평균** : 해당 집단의 기댓값. 보통 모든 원소의 값을 더한 후 원소의 수로 나누는 '산술평균'을 사용한다.
- **확률** : 어떤 사건이 실제로 일어날 것인지 혹은 일어났는지에 대한 지식 혹은 믿음을 표현하는 방법. 어떤 사건이 전혀 일어나지 않을 확률을 0으로 하고, 완전히 일어날 확률을 1로 하여 해당 사건이 일어날 확률을 이 사이의 숫자로 나타낸다.
- **R-제곱(R^2)** : 추정한 선형 모형이 주어진 자료에 적합한 정도, 즉 '모델의 설명력'을 재는 척도인 결정계수 중 가장 대표적으로 사용되는 수치다. R-제곱의 값은 0에서 1 사이에 있으며, 종속변인과 독립변인 사이에 상관관계가 높을수록 1에 가까워진다. 즉, 결정계수가 0에 가까운 값을 가지는 회귀모형은 유용성이 낮은 반면, 결정계수의 값이 클수록 회귀모형의 유용성이 높다고 할 수 있다.

지은이의 말

> 기업에서 사람들이 통계를 잘 몰라 데이터 분석 결과를
> 오독하는 일이 빈번해서, 늘 화가 나 있는 데이터 분석가를 찾습니다.

리디북스 PD님께서 SNS에 올린 글을 보자 지인은 바로 내가 생각나서 추천을 하게 되었다고 하셨다. 리디셀렉트에 6개월가량 연재되었던 《데이터분석가의 숫자유감》 시리즈는 그렇게 시작되었다.

그렇다. 나는 늘 화가 나 있었다. 다행히 감마선에 다량 노출되거나 한 적이 없어 헐크가 되지는 않았고, 최소한의 사회생활을 위해 그 화를 최대한 덮어두고는 있으나, 언제 어디서 또 어떤 이상한 오독이 튀어나와도 놀라지 않기 위해 늘 마음의 준비를 하면서 살고 있었다. 과거형인 이유는, 이제는 다행인지 불행인지 그렇게 화를 낼 기력마저 남지 않아 그냥 내려놓고 살기 때문이다.

나뿐이랴, 많은 데이터 분석가/과학자 중에는 화가 나있는 사람이 많을 것이다. 언론이나 세상에서 숫자를 제멋대로 읽는 일은 하루이틀이 아니지만, 그래도 회사에서는 좀 낫기를 바랐다. 하지만 회사라고 해도 별로 달라질 것은 없다. 온갖 수단을 사용해서 어떻게든 나아지기를 바라지만, 어떻게 해야 할지도 알 수 없다.

그래서 이 기획을 만났을 때도, '연재라는 것을 내가 할 수 있을까?', '일반인 대상으로 내가 글을 쓸 수 있을까?'라는, 나 자신의 능력에 대한 의구심이 들면서도 날이면 날마다 오는 기회가 아니기 때문에 거절할 수 없었다. 아마도 내가 할 수 있는 또 하나의 방안이 아니었을까? 나의 마음 안의 벙커에 세간살이를 다 가져다놓고 살고 있는 분석에 대한 응어리들이 잠시 뛰어놀 수 있는 공간을 열어주는 기회는, 쉽사리 오지 않는다. 그리고 더욱 감이 안 오기는 했지만 만화와의 공동작업이라니 왠지 조금은 신나기도 했다.

타깃 독자는 아마도 정규 교과 과정의 통계를 배우고 데이터 분석이라는 것을 아마도 들어봤을 수 있는 일반 성인이었다. 그래서 연재를 하면서 나의 목표는 간단했다. '사람들에게 데이터 분석이 실제로 회사에서 어떻게 이루어지고 있는지를 전달하자'와 함께, '간단한 부분, 쉬운 부분, 많이 쓰는 부분이지만 잘못 이해하는 것이 어떤 것이 있는지를 인지할 수 있으면 좋겠다'라는 것이었다. 그다지 높은 목표를 잡지 않았기 때문에, 이 정도면 아주 큰 부담은 되지 않을 것이라고 생각했다. 전업 작가가 아닌 사람으로서 연재라는 포맷이나 글을 계속 써야 한다는 것 자체로도 쉬운 일은 아니기 때문이었다.

하지만 1화 피드백을 받고 깨달았다. 망했구나…

주로 데이터 분석에 대한 일을 하고, '이미 데이터 분석에 관심이 있거나 관련 일을 하는 사람들' 대상으로 글을 쓰던 사람으로서, '데이터 이야기를 자주 접할 일이 없었던 사람들'에게 글을 쓰면서 내가 원하는 바를 잘 전달하는 것은 정말로 어려운 일이다. 매주 글을 쓰는 것 이상으로 어려웠던 것은, 주제를 잘 잡아서 글을 쉽게 써서 전달하는 일이었다.

최대한 쉬우면서도 유용한 주제인 신문에서도 자주 나오는 단어인 '상관관계', '추세', '평균' 같은 것을 주제로 잡아서, 설령 기업에서 '데이터'를 직접 만나지 않는 독자들이라고 하더라도 이해할 수 있고 쉽게 쓰며, 이런 것이 기업에서 어떻게 사용되고 오용되는지를 알리고 싶은 마음으로 최대한 노력해보았다. 하지만 아마 내 의도가 100% 실현되지는 않았을 것이다. 그래도 이 책에서 책이 가지는 최고의 의미인 '재미'를 찾았다면, 혹은 그 이상으로 즐거우면서도 유용하다고 생각되었다면, 숫자가 나오는 글을 그냥 다 맞구나 하고 지나치는 일이 전보다 줄었다면, 아마도 내가 생각하는 이 책의 역할은 충분히 다 했다고 생각하고, 이 책이 노출되는 데까지 들어간 나무와 전기에게 덜 미안해질 수 있을 것 같다. 그리고 혹여 이 책으로 데이터 분석에 관심을 가지는 사람이 생기거나, 데이터에 좀 더 많이 친근해졌다고 생각하고 데이터 분석을 더 적극적으로 사용하겠다고 마음먹은 사람이 생겼다면, (그 사람의 마음에도 화가 얹힐 생각을 하면 다소 안타깝기도 하지만) 더욱 기쁠 것이다.

혹여나 그에 가까이 갔다면, 그것은 멋진 기획부터 시작해서 글이 최대한 쉽게 나오도록 노력해주신 우아영 PD님과 책으로 멋지게 다듬어주신 최현우 대표님, 그리고 무엇보다 동글동글한 캐릭터들을 활약시켜 현실 직장생활과 글을 매끄러우면서도 즐겁게 연결해준 주형 만화작가님의 공일 것이다. 늘 감사드리는 마음이다. 더불어 '언제나 화가 나있는 데이터 분석가'에 나를 바로 떠올리고 추천해주신 김보영 작가님께도 감사드린다. 무엇보다, 이 글의 간접적 소재를 제공하며 나에게 다양한 경험치를 쌓아준, 감사하기도 하고 원망하기도 했던 나의 그간의 모든 동료들께 감사드린다.

2021년 여름
글 작가 권정민

지은이의 말

난 수학이 정말 싫었다. 숫자라면 지긋지긋했다.

고교시절, 수학 공부보다는 그림 그리는 걸 훨씬 좋아했기 때문에 미대를 갈까도 했지만, 고민 끝에 결국 이과를 택했다. 원하는 대학에 가려고 그 싫은 수학과 싸워가며 험난한 수험 생활을 보냈고, 결국 무사히 대학에 진학했다. 그런데 대학을 졸업할 때쯤, 수학과 싸웠던 지난날들이 무색하게도, 웹툰 작가가 되어 있었다. '이럴 거면 그냥 미대를 갈 걸 그랬나?' 하는 후회가 살짝 들려던 참이었다. 《데이터분석가의 숫자유감》 만화 작가를 제의받기 전까지는.

"통계와 데이터에 대한 이야기를 만화로 풀어낼 수 있는 '이과 출신 웹툰 작가'를 찾습니다."

예전부터 지식 웹툰이라는 장르에 도전해보고 싶기도 했고, 나도 작업하면서 많은 걸 배울 수 있을 것 같아 기쁘게 참여 의사를 밝혔다. 수학과 미술 사이의 굴레를 돌고 돌다가, 결국 그 사이 어딘가에서 수학 관련 웹툰을 그리게 되었다는 게 생각할수록 신기하다. 인생 정말 어떻게 될지 모르는 일이다.

가벼운 마음으로 시작했던 지식 웹툰은 생각보다 만만한 작업은 아니었다.

글을 만화로 풀어 설명하는 작업은, 글을 한 번 읽고는 절대 불가능했다. 그야말로 내용의 '완전 정복'이 필요했다. '이 대사로 요약해도 내용이 제대로 전달될까?', '어떤 인포그래픽으로 표현해야 이해가 쉬울까?', '얼마나 자세한 내용까지 만화로 표현하는 것이 좋을까?' 고민이 매 화마다 쏟아졌다. 특히 모수의 개념, 시계열 데이터에서 주기와 계절성의 차이, 조건부 확률 등의 내용을 이해하고 표현하는 과정에서 우여곡절이 많았던 기억이 난다. 이 모든 것이 머릿속에 있는 데이터 분석가는 정말 대단한 직업이라는 걸 새삼 느꼈다.

조건부 확률 계산을 붙잡고 끙끙대며 '나도 글작가님처럼 이 내용을 잘 안다면 좋았을 텐데'라는 생각을 하기도 했지만, 관련 지식이 많지 않은 독자 입장에서 접근하는 것이 어쩌면 더 낫다는 생각도 들어 그냥 글을 읽고 또 읽으며 정복하려 노력했다.

지식 웹툰은 내용 전달도 중요하지만 재미도 중요하다. 그래서 매 화마다 새로운 스토리와 장소를 짜야 만했는데, 문제는 배경이 회사라는 거였다. 매일이 똑같은 우리네 직장 생활에서 다양한 상황을 연출하는 것은 쉽지 않은 일인 데다가, 나는 대학문을 나서자마자 프리랜서 활동을 해 직장 생활 경험도 없었다. 결국 지인들의 도움을 받고 인터넷 자료 조사를 거쳐,

사무실, 휴게실, 회의실, 탕비실, 옥상, 사내 카페, 새로 만든 힐링실까지 모든 회사 시설들을 쥐어짜서 장소를 설정할 수 있었다(도움 주신 직장인 지인들에게 감사드린다). 그 외에도 캐릭터에게 외근과 회식 기회를 주고 초콜릿 폭탄도 선사하는 등 다양한 시도를 통해 웹툰의 재미를 더했다.

그리고 내가 프리랜서로 일하며 들었던 생각들 중, 직장인도 공감하겠다 싶었던 것은 캐릭터 대사에 슬쩍 넣어보기도 했다. 직장인이든 프리랜서든, 반복되는 업무와 일상에 지치고, 일에 비해 돈 많이 받고 싶은 마음은 똑같다. 하핳

이 작품을 연재하면서 웹툰 제작 경험뿐만 아니라 데이터 분석 기초 지식도 많이 알게 되었다. 특히, 최근 많이 접하는 코로나19 통계를 예전보다 신중하게 받아들이게 되었다는 점이 큰 변화다. 데이터를 읽을 때 알고 있어야 하는 개념도 중요하지만, 데이터를 직관적으로 대하지 않고 한 걸음 물러나 논리적으로 생각하려는 자세만큼은, 데이터 관련 업무에 종사하지 않더라도 우리 모두에게 꼭 필요한 소양이 아닐까?

《데이터분석가의 숫자유감》은 내게 첫 정식 연재이자 단행본 출간의 기회를 준 고마운 작품이다. 그만큼 고마운 분도 많다(연예인 수상소감에 고마운 사람이 왜 그리도 많은 것이었는지 이제 이해가 된다).

내 모든 원고의 첫 번째 독자님이자 최고의 독자님이 되어주신 리디북스 우아영 천사… 아니 PD님께 먼저 감사드린다. 그리고 만화의 든든한 기반이 되어준 데이터 지식과 사례 제공, 검수까지 해주신 능력자 권정민 글 작가님께도 정말 감사드린다. 모니터 속의 작품을 이렇게 예쁜 책으로 옮겨주시고, 출간 작업에 대해 친절히 알려주신 골든래빗 최현우 대표님과 이경숙 실장님께도 깊은 감사를 드린다. 오랜 기간 동안 피와 살이 되는 도움을 정말 많이 주신 에이전시 제이지비퍼블릭도 언제나, 너무나 감사드린다. 그리고 고등학생 때부터 졸업 이후까지도, 늘 나의 진로를 응원해주시고 학습만화 장르를 처음 제안해주신 구용모 선생님께도 늦게나마 감사를 드린다.

마지막으로 이 모든 것을 가능하게 해준, '이과 출신 웹툰작가'에 나를 추천해준 동아리 친구 지수에게 온 우주의 고마움을 모아서 전달하고 싶다.

2021년 여름
만화 작가 **주형**

데이터 분석가의 숫자유감
만화로 배우는 업무 데이터 분석 상식

초판 1쇄 발행 2021년 08월 10일
초판 3쇄 발행 2023년 11월 20일

지은이 글 권정민 **만화** 주형

펴낸이 최현우 · **편집** 최현우
디자인 표지 박세진 **내지** 이경숙 · **조판** 이경숙

펴낸곳 골든래빗(주)
등록 2020년 7월 7일 제 2020-000183호
주소 서울 마포구 양화로 186 LC타워 5층 514호
전화 0505-398-0505 · **팩스** 0505-537-0505
이메일 ask@goldenrabbit.co.kr
SNS facebook.com/goldenrabbit2020
ISBN 979-11-971498-8-7 93000

홈페이지 goldenrabbit.co.kr

* 이 책은 리디북스에서 연재된 《데이터분석가의 숫자유감》에 일부 콘텐츠를 추가하여 만들었습니다. 종이책 출간을 허락해주신 리디북스에 감사의 말씀을 전합니다.

* 파본은 구입한 서점에서 바꿔드립니다.